ENCYCLOPÉDIE A.L. GUYOT

LE
PEINTRE
AMATEUR

PAR

H.-M. AUDRAN

PARIS

20, rue des Petits-Champs.

Algérie, Colonies et Étranger : 35 Cent.

(Port en plus)

30ᶜ

LE PEINTRE AMATEUR

LE PEINTRE AMATEUR

PAR

H.-M. AUDRAN

***

PARIS

Collection A.-L. GUYOT

20, Rue des Petits-Champs, 20

LE PEINTRE AMATEUR

CHAPITRE PREMIER

DES DIVERS GENRES DE PEINTURE INDUSTRIELLE

Les murs, les boiseries et les ferrures qui entrent dans la composition d'un bâtiment sont ordinairement peints et parfois vernis. Cette opération a pour objet de les soustraire à l'action destructive de l'atmosphère ou de leur donner un aspect plus agréable à l'œil.

Les couleurs que l'on emploie pour cet usage peuvent être mélangées à l'eau additionnée de colle, de chaux, de silicate, d'huile, de vernis, de cire. De là, les dénominations adoptées :

Peinture à la colle, ou détrempe;
Peinture à la chaux, ou badigeon ;
Peinture au silicate;
Peinture à l'huile;
Peinture au vernis;
Peinture à la cire.

Peinture à la Colle ou Détrempe

Les peintres nomment couleurs à la détrempe, celles qui, après avoir été broyées à l'eau, sont ensuite employées à l'eau et à la colle pour couvrir les boiseries et les lambris de l'intérieur des appartements, après que les surfaces ne possèdent plus aucune humidité. On fait d'ordinaire, en peinture à la colle, les plafonds et les murs, les communs, chambres des domestiques et dépendances.

Dans ce genre de peinture, les couleurs, comme nous l'avons dit, sont broyées à l'eau et délayées dans une très légère solution de colle de peau, mais on peut très bien employer du blanc de craie dissout dans l'eau et teinter avec les couleurs usitées pour la peinture à l'huile, mais pareillement dissoutes à l'eau et en pâte, ce qui dispense de les broyer.

On commence d'abord, à l'aide des colorants, d'obtenir le ton que l'on désire, en tenant compte qu'en séchant cette peinture blanchira beaucoup. A cet effet, il faut toujours foncer le ton, pour arriver au degré voulu, ce qui trompe assez souvent les débutants. Lorsque vous avez obtenu la nuance désirée, il faut ajouter à la teinte de la *colle chaude*, dans la proportion du quart ou du tiers de la masse, selon le degré de force dont vous avez besoin.

On prépare cette colle en faisant fondre sur le feu, dans dix litres d'eau, 5 kilogrammes de colle de peau ou de rognures de peau de mouton, on passe le produit et on délaie avec la craie colorée et réduite en pâte, dans les proportions indiquées.

Quand on fait usage de la détrempe, il faut avoir soin de mettre plus de colle pour la première couche de peinture que pour la suivante, et plus encore pour la troisième que pour la seconde, sinon la couleur s'écaillerait en séchant.

Dans le cas où l'on repeint, il faut toujours avoir soin de gratter toutes les parties de vieilles couleurs qui n'adhèrent plus parfaitement. Si les écailles enlevées occasionnaient des inégalités trop saillantes, il faudrait, avant de repeindre, les faire disparaître, ou du moins les adoucir avec du papier de verre.

Peinture à la Chaux ou Badigeon

Cette peinture, qui n'a guère que le mérite de résister à la pluie et d'être très économique, n'est employée aujourd'hui que pour blanchir les gros murs, les façades des maisons villageoises et certains édifices comme usines, ateliers, hospices, écoles, casernes, où l'on recherche l'économie, la clarté et la simplicité.

Blanc à la Chaux, dit de Carmes

Pour préparer cette couleur, il faut se procurer une certaine quantité d'excellente chaux. On la passera à travers un linge fin et on la versera dans un baquet ou un tonneau défoncé d'un côté. On remplira ce vase d'eau claire et l'on agitera le mélange avec un bâton, après quoi on le laissera 24 heures en repos. On percera un trou sur le côté du baquet, vis à vis la surface de la chaux, par lequel l'eau qui surnage s'écoulera au dehors. On bouchera le trou, on versera de la nouvelle eau et l'on agitera le tout comme la première fois. On répètera cette opération pendant plusieurs jours et on parviendra ainsi à donner à la chaux un degré satisfaisant de blancheur. Enfin, après avoir laissé sortir du baquet tout l'excès d'eau, on prendra de la pâte de chaux qui se trouve au fond, à laquelle on ajoutera un peu de blanc d'indigo pour que le blanc conserve plus longtemps son éclat et sa pureté. On ajoutera encore à ce mélange de l'essence de térébenthine pour donner à la couleur plus de brillant; on détrempera dans la colle de gutte contenant un peu d'alun. Il faut donner 5 ou 6 couches de ce blanc sur la muraille et attendre chaque fois que la dernière soit bien sèche avant d'appliquer la suivante. Enfin on lustre et l'on polit en frottant la couleur avec une

brosse de soies de sanglier. Ce blanc, qui était
très employé dans les anciens couvents, d'où
son nom, est fort beau. Il s'applique sur les
plâtres neufs, sans préparation; mais s'ils
étaient vieux, il faudrait les gratter à vif.

Blanc pour les Plafonds

Blanc d'Espagne, un peu de charbon infusés
séparément dans de l'eau; le tout détrempé
dans un mélange de parties égales d'eau
et de colle de gants. On applique ce
blanc lorsqu'il est encore un peu chaud, en
donnant plusieurs couches. Deux ou trois
suffisent ordinairement. S'il s'agit d'un vieux
plafond, il faut commencer par le nettoyer, soit
en le grattant avec des racloirs, soit en le
lessivant avec de l'eau seconde. Si l'on veut
faire un travail très soigné, on étendra d'abord
une couche de colle puis des couches de blanc.

On reconnaît qu'une couche en détrempe est
bien composée, lorsqu'elle file au bout de la
brosse quand on retire celle-ci du pot; si elle
y adhère comme du mortier, c'est une preuve
qu'il n'y a pas assez de colle.

Badigeon-Bachelier

Il se compose de 28 parties de chaux vive,
12 de plâtre cuit et 10 de céruse, le tout

additionné de fromage frais bien égoutté et
d'un peu d'eau. La chaux doit avoir été éteinte
dans très peu d'eau, puis tamisée et malaxée
avec assez de fromage pour obtenir une pâte
molle. Ajoutez alors à cette pâte le plâtre et
la céruse, broyez le tout à la molette, avec de
l'eau et réduisez en bouillie assez épaisse. Au
moment de l'employer, délayez-le et appliquez-
le à la brosse. Ce badigeon ne s'écaille pas,
n'épaissit pas dans les angles et adhère
intimement à la pierre, ce qui lui donne une
longue durée.

Peinture au Silicate

Cette peinture n'est pas autre chose qu'un
badigeon à base de silicate de potasse, qui est,
comme on sait, du verre soluble à l'état liquide.
C'est au chimiste Fuchs que l'on doit, en
peinture, l'emploi de cette substance dont la
principale qualité est la dureté, mais dont
l'emploi n'est pas sans offrir certaines difficultés. Il faut toutefois lui reconnaître
l'avantage de vitrifier la pierre et les briques,
ce qui en augmente la durée, et de faire corps
avec le zinc et le verre, ce qui constitue, en
certains cas, un avantage précieux. Pour teinter
le silicate, il ne faut guère employer que les
ocres, et pour lui donner du corps on n'emploie
guère que le blanc de zinc.

Peinture à l'Huile

On prétend, sans en avoir la preuve bien certaine, que la peinture en détrempe est plus ancienne que la peinture à l'huile. Quoiqu'il en soit, nous admettons que les huiles ayant toutes des propriétés pour détremper les couleurs et pour les fixer sur les surfaces, elles offrent déjà un immense avantage sur les eaux collées. D'ailleurs, les couleurs broyées et détrempées à l'huile ont plus d'éclat, plus de durée, et comme elles sèchent plus lentement, il est plus facile de les unir, de les nuancer, etc.

Les couleurs à l'huile s'emploient ordinairement à froid; cependant, si c'est sur une muraille couverte de plâtre, de mortier, qu'on veut les appliquer, on fera bien de donner les premières couches bouillantes. Cela ne peut guère se pratiquer dans les grandes entreprises industrielles, mais comme nous nous adressons aux particuliers, il est bon de faire remarquer que l'huile chaude pénètre mieux dans les matières et qu'elle leur donne un degré considérable de dureté. L'huile communique également des propriétés semblables aux boiseries et les garantit contre les diverses causes de destruction. Mais il ne faut pas que l'huile dont on les enduit soit trop chaude, afin de ne pas faire fendre ou travailler le bois.

En un mot, ou comprend dans la catégorie

de peinture à l'huile, tout procédé qui dépose sur l'emploi de couleurs broyées à l'huile, quoique délayées à l'essence seule, comme il arrive pour la plupart des teintures mates employées dans l'intérieur des maisons.

Peinture au Vernis

Cette peinture est rarement employée dans la décoration des appartements, parce qu'elle offre certaines difficultés d'exécution et qu'elle revient plus cher que la peinture à l'huile ou à l'essence. De nos jours, on en fait usage que lorsque le travail est très pressé car, dans ce cas, une seule opération est nécessaire, puisqu'il n'y a pas lieu de peindre à l'huile d'abord et de vernir ensuite.

Ce genre de peinture n'est toutefois employé de nos jours que par les peintres d'enseignes, et comme teintes dures pour les fonds d'enseignes sur zinc.

Peinture à la Cire

La peinture à la cire consiste à détremper les matières colorantes broyées à l'eau dans une dissolution composée de 5 litres d'eau, une livre de cire vierge et 125 grammes de savon. Quand la cire et le savon sont fondus, on ajoute 2 onces de sel de tartre.

Dans certaines localités, ce procédé de peinture peut rendre des services, mais il est peu usité dans le bâtiment, car on lui reproche de retenir les poussières et de se nettoyer assez difficilement. Nous ne partageons pas cette manière de voir, car personnellement nous avons fait usage de cette peinture pour des boiseries de salle à manger et l'entretien lui avait communiqué un brillant admirable, plus doux que celui du vernis et plus durable, puisqu'un chiffon de flanelle suffit pour l'entretenir.

Peinture Sablonneuse

Il est un genre de peinture qui convient beaucoup aux constructions rustiques : c'est la peinture sablonneuse ou silicieuse. Son nom indique assez la manière de l'exécuter, c'est-à-dire que c'est une peinture sablée; en effet, après avoir donné trois bonnes couches de peinture à l'huile sur les objets à peindre, et lorsque ces couches sont bien sèches, on donne une forte couche de vernis gras qu'on a, à dessein, laissé engraisser à l'air, et, lorsque ce vernis est encore frais, on jette dessus en saupoudrant avec régularité, du sable bien fin que l'on jette à la main. Lorsque le tout est sec, on époussette légèrement l'excédent du sable et on obtient un très joli fond sablé; ce fond est très solide, attendu que la peinture se trouve recouverte par cette couche silicieuse, qui la conserve, en la préservant contre les injures du temps.

Peinture au Silicate de Magnésie

Les Américains emploient la stéatite (silicate de magnésie) pulvérisée pour revêtir les murs et les plafonds.

« Cette substance, dit M. G. Tissandier, prend un beau poli, a une jolie couleur gris-perle et donne une surface excellente pour recevoir la peinture à l'huile ou à la détrempe. Un revêtement de stéatite ne se fendille pas et ne s'écorne que difficilement aux encoignures; c'est un non-conducteur de la chaleur; on peut le laver à grande eau sans qu'il absorbe l'humidité et on peut y planter des clous en toute sécurité. La chaleur et l'humidité ne lui font exhaler aucune mauvaise odeur et il ne jaunit pas en vieillissant. »

CHAPITRE II

DU MATÉRIEL DU PEINTRE-AMATEUR

Nous plaçant au point de vue pratique et bourgeois plutôt que professionnel, nous indiquerons seulement le matériel indispensable à l'amateur ou propriétaire avec les prix de l'outillage et des fournitures dont il aura à faire usage.

Comme *échelle*, d'abord, nous conseillons l'échelle double dite de Paris, qui offre le plus de stabilité et qu'on démonte si facilement en retirant une simple tringle en bois ou en fer qui sert à réunir les deux bras. Sa légèreté, la rondeur des montants, la rendent très maniable et la largeur de ses échelons évitent la fatigue des pieds et tout danger de chute. La distance entre chaque échelon étant toujours la même, c'est-à-dire de trente-trois centimètres, on calcule la hauteur d'une échelle

2

d'après le nombre d'échelons. Comme bois, donnez la préférence au bois d'aulne qui est plus léger que le frêne. L'échelle à coulisses, qui est très commode pour les travaux de hauteur, est à peu près inutile pour les travaux courants à exécuter. Puisque nous en restons à l'échelle double, il ne faut pas oublier de mettre une corde à chaque échelle, pour relier les deux bras lorsqu'elle est ouverte et l'empêcher de glisser sur les parquets.

Les *brosses* ou pinceaux, servant à étendre les teintes, doivent être en soies et de bonne fabrication. La réussite du travail dépend beaucoup de leur qualité. Choisissez-les toujours souples et assurez-vous que les poils ne se détachent pas trop facilement. Une brosse de bonne qualité peut durer très longtemps si l'on a soin, lorsqu'on a fini le travail, de la rincer immédiatement à l'essence de térébenthine et la laver ensuite à l'eau et au savon noir. Si l'on s'arrête de peindre, pour peu de temps, il suffira de la mettre tremper dans l'eau afin de l'empêcher de sécher, mais en aucun cas, on ne doit la laisser séjourner dans la teinte qui brûlerait les soies et leur enlèverait la souplesse, qui est leur principale qualité.

Cinq brosses sont indispensables pour la bonne exécution des travaux.

La *brosse à lessiver* s'emploie pour laver et

dégraisser les anciennes peintures; ses soies courtes ne permettent pas de l'employer pour étendre les tons. Aux *taupettes* et *brosses de pouce* est réservé cet usage; les premières pour les parties planes et les secondes pour le rechampissage des épaisseurs, moulures, plinthes, chambranles, etc...

Comme pour les plafonds il s'agit de couvrir de grandes surfaces, on a recours à la grosse *brosse dite à plafond*.

Pour les travaux soignés, on fait usage de la *brosse à lisser* qu'on passe légèrement et à sec sur une teinte fraîchement appliquée, afin de faire disparaître les successions de coups de pinceaux et de les fondre ensemble.

Camions. — On désigne sous ce nom les seaux de différentes grandeurs dans lesquels on prépare la peinture. Un assortiment de cinq camions, depuis un demi-litre jusqu'à cinq litres, sont suffisants pour de petits travaux. Pour le petit amateur, il lui sera facile d'en fabriquer lui-même, à bon marché, en utilisant les vieilles boîtes de conserves. Pour cela, il unira bien les bords restés raboteux, des boîtes, avec la lime ou le marteau, puis il percera un trou de chaque côté pour y passer un fil de fer qui formera l'anse.

Avant de se servir d'un camion neuf, il est prudent de mastiquer le joint extérieur du fond afin d'éviter les suintements.

Lorsque votre camion est sale et que vous désirez l'utiliser pour une teinte nouvelle, il faut avoir soin de le rincer *sans retard*, avec un peu d'essence de térébenthine et une brosse de pouce, car si on laisse sécher la peinture, il se forme des peaux difficiles à enlever qui nécessitent le brûlage.

L'avantage des camions sur les boîtes de conserves et les seaux en tôle galvanisée, consiste en ce qu'ils peuvent aller sur le feu, lorsqu'on a besoin de faire chauffer la colle de peau ou la gélatine, ce qui offrirait du danger avec les autres ustensiles, et que seuls ils sont capables de supporter le brûlage dont nous venons de parler.

Pour pratiquer le brûlage d'un camion, qui se fait en plein air, on verse dans le camion vidé quelques gouttes d'essence de térébenthine qu'on enflamme avec un papier allumé puis, inclinant le camion, on le roule doucement avec un bâton afin de bien diriger la flamme sur toutes les parties; puis, lorsqu'elle est éteinte, on gratte les cendres avec le couteau et on passe au papier de verre. Pour finir, un léger frotté de couleur claire fait dans l'intérieur avec une brosse empêche, une fois sec, le noir et la rouille du fer de salir les teintes.

On nomme *bidons* les récipients qui contiennent les liquides, huiles, essences, siccatifs, vernis, etc... Leur forme diffère essentiellement des *camions*, ce qui n'empêche qu'on les confond souvent ensemble.

Le *couteau à reboucher* est l'instrument avec lequel on introduit le mastic destiné à boucher les trous, fentes, écorchures, des murs et boiseries. Il en existe de plus ou moins étroits suivant qu'on les emploie pour pénétrer dans des espaces plus ou moins restreints, on les désigne alors sous les noms de *couteau à champ* et *à feuillure*.

Les vitriers usent également de ces mêmes outils et y ajoutent le *couteau à démastiquer*.

La *passoire* spéciale et en fer blanc dont on fait usage en peinture, sert à enlever les grumeaux ou corps étrangers qui se trouvent fréquemment dans les couleurs, même les mieux broyées. Si l'on veut éviter la dépense de cette passoire, voici comment y suppléer : prenez un camion, couvrez complètement le dessus d'un morceau de toile grossière, à trame peu serrée, que vous fixez autour avec une ficelle, sans trop la tendre cependant, et videz par dessus la teinte à passer. Pour faciliter l'opération, on frotte doucement une brosse en tournant sur la toile qui forme tamis.

Si vous disposez d'une passoire en fer blanc, rincez-la avec de l'essence après vous en être servi, afin que la couleur en séchant, ne bouche pas les petits trous du tamis.

Le *balai à épousseter* est un instrument de

première nécessité, sous son apparence modeste, car il sert à enlever la poussière avant de peindre, et on l'utilise aussi pour coller le papier de tenture, bronzer, pocher, etc...

En dehors des principaux outils dont nous venons de parler, le peintre a besoin d'un certain nombre d'éponges pour les lessivages et les lavages. Il convient de les acheter de bonne qualité et dans des maisons de confiance, car rien n'est plus fraudé que cet article. Nous recommandons aux débutants de ne pas oublier les éponges dans les seaux d'eau, où elles pourriraient, et à bien les égoutter après s'en être servi.

CHAPITRE III

______

Des COULEURS et de LEUR COMPOSITION

______

Les physiciens reconnaissent sept couleurs élémentaires : *violet, indigo, bleu, vert, jaune, orange, rouge.* Mais, en peinture, on peut se contenter d'en admettre trois seulement : le *jaune,* le *rouge* et le *bleu,* lesquelles étant combinées entre elles à diverses proportions, produisent toutes les nuances imaginables. Les physiciens considèrent le blanc comme produit par la réunion des sept couleurs simples, et le noir comme l'absence de toute couleur.

Couleurs blanches

Les substances avec lesquelles on fait les *couleurs blanches* en peinture, sont : la *céruse,* le *blanc de zinc,* le *blanc de Meudon* et le *blanc d'Espagne*, auxquels on peut ajouter le blanc de tungstène qui a la même qualité que la céruse avec ses inconvénients en moins.

La céruse est un carbonate de plomb, qu'on emploie de moins en moins dans la peinture industrielle et qui est remplacé par le blanc de zinc. Comme tous les composés de plomb, la céruse est un poison violent; aussi son usage est-il de plus en plus restreint dans les ateliers. Dans l'emploi de la céruse, ce qui est le plus dangereux, c'est le broyage. On la vend aujourd'hui toute broyée et en pâte, dans des barils de 50 à 100 kilogrammes et plus. La qualité surfine est la meilleure et la plus pure. L'usage *journalier* du blanc de céruse donne aux peintres, les coliques de plomb, l'empoisonnement saturnin, qui se traduit souvent par la paralysie des membres; mais l'amateur n'a rien à redouter de ces résultats, qui ne se déclarent que si on en fait un usage très fréquent.

Le *blanc de zinc*, qui tend à remplacer la céruse à cause de son innocuité, fournit un blanc floconneux, sèche lentement et couvre beaucoup moins, ce qui le fait employer mélangé avec la céruse et pour les premières couches seulement.

Le *blanc de meudon* ou de craie, qu'on désigne aussi sous le nom populaire de *blanc d'Espagne*, est un carbonate de chaux très répandu dans la nature, mais dont la qualité varie suivant le sol, tantôt très gras, tantôt très sec. Il constitue la base des peintures à la colle, et on fabrique avec lui le mastic des peintres et vitriers.

Couleurs jaunes

Parmi les plus usitées, signalons les *ocres jaunes*, qui se rapprochent le plus du blanc et qui fournissent des couleurs très solides. Ce sont des terres argileuses colorées par des oxydes de fer, qu'on trouve en abondance en Allemagne et en France. On leur fait d'abord subir un lavage pour les purifier, puis on les vend, soit en poudre sèche, soit broyées à l'huile et à l'eau, selon les besoins.

La *terre de Sienne naturelle* est une belle couleur d'origine ocreuse, mais plus fine de ton que les ocres ordinaires; elle fournit de beaux tons dans les mélanges et couvre très bien; elle est plus employée à l'huile qu'à la colle. Les *terres de Sienne brûlées* ne sont que des terres naturelles chauffées à un degré assez fort pour que l'action calorique leur fasse prendre une teinte brune ou rouge.

Les *jaunes de chrome* sont à base de chromate de plomb. Il existe un très grand nombre de ces couleurs dans le commerce, qui portent un nom différent; certains jaunes s'obtiennent aussi avec le chromate de zinc, ce sont les meilleurs, car ils ne craignent pas les émanations sulfureuses; malheureusement, ils sont moins beaux que ceux obtenus par les chromates de plomb. Tous les jaunes de chrome sont vénéneux et peuvent produire les mêmes désordres que la céruse.

Le *jaune bouton d'or*, qui est un chromate de zinc est le plus solide et le plus résistant comme couleur et doit être préféré à tous les autres pour cette autre raison qu'il est inoffensif.

Le *jaune de Naples* est plus employé dans la peinture artistique que dans la peinture industrielle; sa teinte n'est pas franche et ne réussit pas dans les mélanges.

Le *jaune indien*, qui est très beau a le défaut, pour l'industriel, d'être d'un prix assez élevé; mais cette considération ne doit pas arrêter l'amateur. Toutefois, il faut bien prendre garde de ne pas se laisser vendre une mauvaise imitation et exiger le véritable.

Le *jaune de mars* est aussi à recommander.

Couleurs rouges

Les *ocres rouges* se trouvent à l'état naturel comme les ocres jaunes. Mais on les fabrique aujourd'hui industriellement et le degré de calcination déterminant la nuance, il est difficile d'obtenir un rouge invariable. La terre de Sienne calcinée à un certain degré constitue donc une ocre rouge parfaite et à employer en toute sécurité pour les mélanges.

Le *minium* n'est pas autre chose que du plomb calciné, c'est donc un oxyde de plomb. On l'emploie surtout aux premières couches des pièces métalliques, car c'est un préservateur du fer. Il est aussi toxique que la céruse et on doit l'employer avec précaution. Lorsqu'on emploie le minium sur des ferrures, grillages, etc., il faut avoir soin d'agiter souvent le fond du camion, car la couleur dépose assez vite et épaissit au point qu'on a beaucoup de peine à l'étendre.

Le *mine orange* est une variété bien supérieure du minium; il s'obtient par la calcination de la céruse. On l'emploie pour la peinture à l'huile et à la colle.

Le *rouge de mars* est un produit de la calcination d'un précipité d'alun et de sulfate de fer, comme toutes les couleurs dites de mars, mais dont la cuisson a été plus poussée que pour le jaune de mars, dont nous avons déjà parlé. Cette couleur, très fixe, se maintient très bien dans ses mélanges avec le blanc.

Le *vermillon* est un sulfure de mercure qui donne un rouge éclatant, mais qui a l'inconvénient de noircir à l'action atmosphérique, comme du reste toutes les couleurs à base de sulfure. Cette couleur est malheureusement une des plus falsifiée, c'est pourquoi elle est rarement d'une longue durée; mais le vrai et bon vermillon doit donner un beau rouge franc, très brillant et fixe. Le *cinabre* est du vermillon fourni par la nature, au lieu de l'être chimiquement.

Le *rouge d'Andrinople* est un vermillon factice, moins cher, mais ne couvrant pas si bien.

Et enfin, les *laques*, qui sont des couleurs n'ayant aucun corps et ne servant qu'au glaçage des teintes.

Couleurs bleues

Le *bleu de prusse* ou bleu de Berlin est un composé de sang de corne et de sous-carbonate de potasse auxquels on ajoute de l'eau, de l'alun et du sulfate de fer. C'est le bleu qui a le plus de corps. Mais il a l'inconvénient de contenir un acide qui brûle les matières mélangées avec lui. Cette couleur se marie bien avec le blanc et donne ainsi de jolis tons assez solides, mais c'est avec les jaunes qu'il est le plus apprécié, parce qu'on obtient par ce mélange des verts très beaux et très résistants.

Le *bleu minéral* est celui qui offre le plus de garantie. Ce bleu résulte de l'action de l'ammoniaque sur le cuivre. Le *bleu d'outremer* tient de l'action de cette même substance sur l'*indigo*. C'est un bleu d'outre-mer artificiel

car le naturel, que l'on obtenait autrefois par
la pulvérisation du Lapis-Lazuli ou d'un
marbre d'Italie, très rare, a été abandonné à
cause de sa cherté. Ce bleu artificiel, qu'on
appelle aussi bleu Guinet, du nom de son
inventeur, s'emploie à l'huile aussi bien qu'à
l'eau et sans danger; d'un prix modique, il
donne une couleur très résistante. Le *bleu de
Cobalt* est aussi d'un très joli ton, solide et se
mélangeant bien au blanc.

Couleurs brunes

Les *ocres brunes*, d'abord, qui sont comme
nous l'avons dit, des ocres, dont on a poussé
suffisamment la calcination pour obtenir seulement la teinte brune.

La *terre d'ombre naturelle*, si répandue en
peinture industrielle, surtout la *calcinée*, qui
fournit dans les mélanges des tons superbes et
qui rend tant de services pour les imitations
de bois. Cette couleur s'obtient aussi chimiquement, mais il faut accorder la préférence
à la terre d'ombre naturelle et surtout à celle
qui vient de Chypre, à cause de sa solidité. La
terre de Cassel plus foncée que la précédente,
ne réussit guère dans les mélanges, aussi faut-il
éviter de l'employer.

Le *brun Van-Dick* est une magnifique couleur très fixe, qui ne s'emploie guère mélangée

au blanc, mais réussit très bien seul ou avec les autres couleurs.

La composition du vrai brun Van-Dyck a pour base le sulfate de fer converti en oxyde de ce métal, mais on fabrique une imitation assez grossière par la calcination argileuse, ce qui donne un brun terne et louche, au lieu d'un beau rouge violet qu'on obtient avec le véritable.

Couleurs noires

Le plus beau noir est le *noir d'ivoire*, lorsqu'il n'est pas fraudé, car il est souvent remplacé par du noir d'os animal qui lui est bien inférieur.

Le *noir de fumée* ou *noir léger* n'a guère pour lui que sa légèreté et sa finesse. On l'emploie surtout en teintes à l'huile grasse, sur les barreaux, grillages, etc. Ce noir est le produit de la suie déposée par la fumée de la poix résine.

Le *noir de charbon* est le meilleur marché de tous, étant produit par la calcination complète de débris de bois, d'os, d'ivoire, de noyaux, etc. Il est plus lourd que le noir de fumée et teinte davantage ; mélangé avec le blanc, il donne un ton gris perle, qu'on ne peut obtenir avec les autres produits.

Couleurs vertes

Il existe dans le commerce, sous le nom de *vert anglais*, toute une série de verts allant du clair au foncé et qui sont obtenus grâce à des mélanges d'autres verts.

Le *vert de zinc* comp'e également plusieurs nuances, il est composé d'oxyde de zinc mélangé à du cobalt ; il est très solide à la colle comme à l'huile. Lorsqu'il est bien naturel, il ne change pas à la lumière, c'est pourquoi on le désigne souvent par le nom de vert lumière.

Les *terres vertes* sont plus employées à la chaux qu'à la colle et à l'huile, malgré leur solidité. Le *vert d'eau* ou vert de gris, ainsi que le vert de Schweinfurt, malgré leur belle couleur, ne sont pas à employer, car ils sont vénéneux.

Pour l'amateur qui ne regarde pas à une légère dépense de plus, nous recommandons le *vert émeraude* ou vert Guignet ou Pannetier. Ce très beau vert, absolument fixe, qui ne change pas à la lumière, s'emploie aussi bien à l'huile qu'à la colle.

La plupart des couleurs, dont nous venons de parler, se vendent à l'état naturel, en poudre ou en grains, soit broyées à l'huile et vendues au kilogramme ou en tubes de différentes grandeurs. Voici un aperçu de quelques prix :

le blanc de céruse vaut de 50 à 80 centimes le kilo ; le blanc de zinc en poudre 80 centimes le kilo, en poudre, et un franc broyé à l'huile. Les ocres de différentes couleurs, en poudre, varient de 50 à 60 centimes le kilo, et broyées à l'huile de 60 à 80 le kilo. Le terre de Sienne, en poudre, vaut de 1 fr. 30 à 1 fr. 50, calcinée ou non, et broyée à l'huile de 2 fr. 50 à 3 francs. Mêmes prix pour la terre d'ombre et de Cassel. On peut se procurer également toutes les ocres broyées à l'eau gommée pour les glacés des faux bois, au prix de 2 francs à 2 fr. 50 le kilo.

Le jaune de Chrome clair ou foncé, broyé à l'huile vaut de 4 à 6 francs le kilo.

Le jaune de Naples de 5 à 8 francs le kilo et le jaune indien, beaucoup plus cher, de 1 fr. 25 à 6 francs le tube, suivant dimension.

Le minium de plomb se vend de 70 à 80 centimes le kilo, le vermillon de 12 à 28 francs broyé à l'huile ; le carmin de 1 à 3 francs le tube.

Le bleu de Prusse de 8 à 12 francs le kilo ; le bleu d'Outre-mer de 10 à 20 francs ; le bleu minéral en tubes de 0 fr. 30 à 1 franc ; et le bleu de Cobalt, également en tubes, de 1 à 3 francs.

Le brun Van-Dyck, broyé à l'huile, vaut de 3 à 3 fr. 50 le kilo.

Le noir d'ivoire, broyé à l'huile ou à l'essence, de 4 à 5 francs le kilo ; le noir de charbon, broyé à l'huile, de 0 fr. 80 à 1 franc le kilo ; le noir de fumée de 1 à 3 francs.

Le vert anglais, broyé à l'huile, se vend de 1 à 5 francs le kilo, ainsi que le vert émeraude.

—

CHAPITRE IV

DU MÉLANGE DES COULEURS

On peut, avec les couleurs que nous venons d'étudier, obtenir, par dérivation, tous les tons désirés.

Les GRIS se composent en grande partie de blanc et de plus ou moins de noir, selon que l'on désire un ton clair ou foncé. En ajoutant une pointe de bleu, on obtient un gris peu ardoisé ; avec un peu de vermillon un gris rosé, et avec un peu d'ocre jaune le ton laine.

Tous les BLEUS s'obtiennent en les mélangeant plus ou moins avec du blanc.

Les BRUNS se mélangent très bien entre eux. On obtient une très belle teinte brune avec de l'ocre rouge et du noir. Le brun Van-Dyck, mélangé avec du noir d'ivoire, de la mine orange et du vermillon, donne le *ton tabac*.

Le blanc ajouté au brun l'éclaircit, mais en refroidit le ton. La mine orange et le vermillon le réchauffent. Pour comprendre le sens de ces deux expressions, il faut savoir qu'en peinture on appelle ton froid une teinte molle tirant sur le gris, et ton chaud une teinte vigoureuse d'un aspect transparent. On refroidit ordinairement les tons avec les verts et les bleus, et on les réchauffe avec les rouges et les bruns.

Avant de poursuivre notre étude sur les mélanges des couleurs, disons de suite que lorsqu'on veut obtenir des tons éclatants et bien francs, il n'est besoin d'opérer aucun mélange, car les couleurs s'absorbent entre elles, et si elles adoucissent souvent, c'est au détriment de l'éclat.

Les nuances des JAUNES, autres que les couleurs naturelles, se composent de différentes manières : la *teinte pierre* se fait avec du blanc de céruse ou de zinc, de l'ocre jaune et une pointe de jaune de chrome ; on ajoute souvent un peu de terre d'ombre, ce qui complète bien. Le *ton or* s'obtient avec du blanc de céruse, du jaune de Naples, de l'ocre jaune et du vermillon. Le *ton citron* se compose de blanc, de jaune de chrome et d'une pointe de bleu de Prusse. Le ton *chamois* est formé de blanc, d'ocre jaune et d'une pointe de vermillon. Pour le foncer, il suffit d'ajouter de la terre de Sienne brûlée. Les tons *bois* s'obtiennent suivant les nuances à obtenir, avec du blanc de céruse, de l'ocre jaune et toutes les terres.

Le ton *pourpre* est un mélange à parties égales de vermillon et de laque carminée.

Les ROSES se font avec du blanc et de la laque carminée. Comme blanc, il faut donner la préférence au blanc de zinc.

Les VERTS se composent d'ordinaire de blanc, de jaune et de bleu, mais on les varie à l'infini, avec des ocres, du noir et des terres.

Les VIOLETS qu'on emploie assez rarement dans le bâtiment sont des mélanges de blanc, de bleu et de rouge. Ainsi le lilas s'obtient avec du blanc de zinc, de la laque carminée et un peu de bleu de Prusse.

Les NOIRS s'emploient toujours à l'état naturel.

Telles sont les règles générales des mélanges, mais on comprendra que vu la variété infinie des tons, nous laissions à chacun de les combiner, selon ses goûts.

Pour les débutants en peinture, nous conseillons d'essayer en petit avant de composer une teinte, et de n'opérer que progressivement. Il faut, en outre, savoir exactement le ton ou la nuance que l'on désire, soit à l'aide d'un échantillon, etc., et alors, opérant par petites doses, en mélangeant bien chaque fois la matière ajoutée, on arrive à la teinte désirée et il n'y a pas danger qu'on la dépasse. Arrivé au degré voulu, il arrive fréquemment que le ton est trop froid ou trop chaud, alors il faut réchauffer ou refroidir la teinte par l'addition d'une couleur nouvelle, comme nous l'avons dit plus haut.

En tenant compte de nos indications, il sera facile à tout amateur d'obtenir des résultats satisfaisants, et avec un peu de persévérance et d'observation, d'arriver à trouver facilement n'importe quelle nuance, comme à exécuter des travaux vraiment artistiques.

CHAPITRE V

HUILES, ESSENCES, VERNIS, SICCATIFS, CHAUX, COLLES, etc.

Pour être employées en peinture, les matières colorantes doivent être intimement mélangées avec diverses espèces d'huiles. Les plus couramment usitées sont : *l'huile de lin, l'huile d'œillette* ou *huile blanche* et *l'huile grasse.*

L'huile de lin qui est tirée des graines de lin séchées, sert pour le broyage des couleurs et la fabrication des teintes. Comme à l'état naturel, cette huile possède une coloration jaune assez prononcée, surtout si elle est de qualité inférieure, on peut la décolorer au moyen d'un acide ; mais le plus souvent par le repos et une exposition à l'air on arrive à la décolorer suffisamment, et lorsque cette coloration est peu prononcée, elle n'a aucune influence sur les travaux courants. Si l'on veut rendre l'huile plus siccative, on la fait bouillir quelques heures avec de la litharge ou de la céruse. Les huiles vieilles sont les meilleures, parce qu'elles ne fermentent plus et sont plus reposées et décolorées.

L'huile d'œillette. — Cette huile qui est extraite des graines du pavot, d'où le nom qu'on lui donne parfois, est moins grasse et moins siccative que la précédente, mais moins colorée, c'est pourquoi on l'emploie surtout pour les travaux de peinture en tons blancs ou très clairs. Elle est rendue siccative en la faisant bouillir avec du sulfate après que celui-ci a été dissout dans de l'eau, qui s'évapore par l'ébullition.

L'huile grasse est peu employée aujourd'hui, depuis qu'on se sert en peinture de siccatifs liquides, car c'est à sa propreté d'être extrêmement siccative et à son brillant qu'elle devait sa vogue, et aussi depuis que sa qualité laisse beaucoup à désirer, n'étant plus aujourd'hui qu'un mélange de résidus huileux, résineux, etc.

Broiement et détrempe des couleurs. — Du broiement, c'est-à-dire de l'incorporation des matières colorantes à l'huile, dépend la bonté et la beauté du produit fabriqué. Dans les ateliers où l'on effectue encore ce travail, voici comment on procède. On étend sur une dalle de marbre polie une certaine quantité de couleur réduite en poudre et gâchée avec la quantité d'huile nécessaire pour la réduire en pâte assez consistante, puis on la broie avec une molette en marbre, sur laquelle on appuie avec force pendant toute l'opération. Les blancs, les jaunes et les rouges se broient plus facilement que les autres couleurs.

Les couleurs étant broyées, on les place dans des vases de grès vernissé jusqu'au moment de l'emploi ; lorsqu'on n'en fait pas immédiatement usage, on les recouvre d'une couche d'eau, afin de les soustraire au contact de l'air et de les empêcher d'épaissir. On doit renouveler cette eau lorsqu'elle commence à se corrompre. Ce n'est qu'au moment de se servir des couleurs qu'on les détrempe avec de l'huile pour leur donner le degré de fluidité qu'on désire, et c'est dans cet état qu'on les mélange pour former les teintes, au moment qu'il est nécessaire.

Essence de Térébenthine

L'essence de térébenthine est une huile obtenue par la distillation d'une gomme résineuse tirée d'une sorte de pin des pays chauds, qu'on nomme térébinthe. Elle joue, en peinture, un rôle aussi important que l'huile de lin, avec laquelle on la mélange le plus souvent. Employée seule elle donne la peinture mate qu'on emploie beaucoup pour l'intérieur, et entre également dans la composition des encaustiques, à cause de sa propriété dissolvante. Il faut toujours conserver l'essence en bidons qu'on place dans un lieu frais.

Vernis

Dans la peinture en bâtiment, où ne se sert guère que des vernis à l'essence et à l'huile, *vernis blanc* et *vernis gras*.

Les *vernis blancs* doivent être à l'essence, afin de rester incolores, et ne doivent être employés qu'à l'intérieur, car ils n'offriraient pas assez de résistance à l'extérieur. Pour obtenir soi-même un vernis bien blanc, il ne faut employer que des gommes très blanches et une essence très dure. La *gomme Dammar* d'abord, et le *Copal* ensuite, sont celles qui conviennent le mieux.

Les *vernis gras* se divisent en deux catégories, suivant qu'on les destine à des travaux intérieurs ou extérieurs. La dose d'huile et d'essence qui entre dans leur composition permet d'obtenir un vernis plus ou moins gras.

Les *vernis à l'alcool* ne sont guère employés que dans certains travaux de peinture décorative et de dorure, c'est alors le vernis Sœhuée qui doit être adopté. Ces vernis sont très fluides, n'altèrent pas les nuances, n'empâtent pas et préservent très bien les décors. Nous donnons la recette du *vernis doré*, à cause de ses grandes qualités.

Vernis doré

Il donne un brillant remarquable et une magnifique coloration, allant du rouge foncé au jaune doré, suivant la proportion des ingrédients. On met en poudre fine et fait dissoudre au bain-marie, dans 500 parties d'alcool rectifié, 50 p. de gomme laque en écailles pâle, 15 de laque de Florence (obtenue par précipitation d'une décoction de cochenille par de l'alun sur du koralin, du gypse ou de l'amidon), enfin 25 p. de bois de scrutal et 8 de sang-dragon. Il faut faire bouillir pendant deux ou trois heures en secouant de temps à autre, et en prenant garde aux inflammations, cela va de soi en dépit du bain-marie. On laisse refroidir et l'on décante. Mais, entre temps, on a fait chauffer dans un autre récipient 30 p. de gomme-gutte dans 500 p. également d'alcool rectifié. Il ne reste plus qu'à mélanger les deux liquides, en proportion convenable, suivant la coloration que l'on désire obtenir, et en déléyant au besoin si le liquide final se présente trop épais.

Siccatifs

Il y a deux sortes de siccatifs : les siccatifs liquides et en poudre. Les premiers étant plus énergiques que les seconds, et sous un moindre volume, sont les plus employés. La proportion moyenne à employer est d'environ vingt grammes par kilogramme de teinte, à base de céruse, il en faut davantage si l'on se sert d'ocres ou de couleurs terreuses, et principalement avec les teintes noires et rouges. L'excès de siccatif, ne l'oubliez pas, est plutôt nuisible qu'utile.

Pour les teintes blanches et claires, on donne la préférence aux siccatifs en poudre, parce que les siccatifs liquides étant d'une coloration brune, modifient souvent les teintes claires, mais, dans ce cas, il faut s'attacher à la bonne qualité, car la poudre se prête à une foule de falsifications.

Colles

Les deux colles employées en peinture sont la *colle de peau* et la *colle de pâte*. La première qu'on vend sous forme gélatineuse et molle se fait fondre dans un volume d'eau double, si l'on désire obtenir une colle forte, et est employée dans la peinture, à la peinture en détrempe ou peinture à la colle. Pour faire usage de la colle de peau, il faut qu'elle soit chauffée dans la quantité d'eau nécessaire, et une fois fondue on l'incorpore à la teinte préalablement délayée à l'eau et réduite en pâte assez consistante. Il existe, il est vrai, des colles solubles, mais nous ne les conseillons pas davantage que les couleurs toutes préparées pour la détrempe et qu'il suffit de délayer à l'eau tiède ou froide pour s'en servir. S'éviter un peu de peine, dans ces travaux d'amateurs, c'est s'enlever la plus large part du plaisir qu'on éprouve à faire quelque chose d'utile par soi-même, et c'est aussi faire du mauvais travail.

La colle de pâte, si employée par les peintres pour le collage des papiers de tenture, se vend aujourd'hui toute préparée, chez les droguistes et marchands de couleurs ; mais, comme on n'a pas toujours sous la main, à la campagne surtout, un fournisseur de ce genre, nous croyons devoir indiquer comment on peut fabriquer soi-même et à peu de frais, une bonne colle de pâte.

Mettez sur un bon feu, un vase quelconque contenant de l'eau pure, soit 7 à 8 litres d'eau pour 1 kilo de farine, et, pendant que l'eau chauffe, versez votre farine seule dans un autre récipient sans eau, et délayez-la ensuite, peu à peu, avec de l'eau tiède, de manière à former, en battant et délayant, une pâte de plus en plus liquide. Par ce procédé, bien appliqué, et en battant bien ce mélange, vous éviterez les grumeaux. Lorsque la farine est bien délayée et plus claire qu'une pâte ordinaire, on pousse à l'ébullition l'eau mise sur le feu, dans le premier récipient, et on y verse rapidement la pâte que vous venez de délayer avec de l'eau, plutôt froide que tiède. Remuez aussitôt pour que la pâte ne s'attache pas au fond, et retirez du feu, après une ou deux minutes, lorsque la colle a pris sa teinte caractéristique. Laissez refroidir pour vous en servir au moment voulu.

Conservation de la colle de pâte. — Pour retarder la fermentation de la colle de pâte, on a recours d'habitude à l'alun de potasse ou à l'alun d'ammoniaque, qu'on mélange en poudre à la colle dans la proportion de 2 à 3 pour 100. Le borate de soude (borax du commerce), à la dose de 1 pour 100 lui est préférable. Non seulement la colle de farine ou la colle d'amidon boratée se conserve mieux, mais encore elle est plus adhésive et tient mieux. Cette colle se fait comme celle ci-dessous ; le genre de farine diffère seul. On conseille également, pour assurer la conservation de cette colle, de mettre un peu d'essence de térébenthine au moment où on la retire du feu, à raison d'un demi-verre par dix kilogrammes de colle. Ce procédé a l'avantage d'être à la portée de tous ceux qui s'occupent de peinture et de donner des résultats excellents.

Chaux et Cires

La *chaux* s'obtient en chauffant au rouge, dans des fours spéciaux, de la pierre calcaire ou pierre à chaux ; cette opération chasse l'acide carbonique et produit la *chaux vive*. Obtenue avec des pierres argileuses, la chaux prend le nom de *chaux hydraulique*. Eteinte et unie au sable, cette dernière forme le ciment.

En peinture, la chaux est utilisée, comme nous l'avons dit, pour les badigeons et le blanchissage des plafonds et murs des grands bâtiments, tels que casernes, entrepôts, hôpitaux, maisons rurales, etc., où l'économie et la propreté font loi.

La *cire*, comme chacun sait, est la substance dont sont composés les rayons dans lesquels l'abeille conserve le miel. La cire, telle qu'elle est livrée au commerce, sous la dénomination de *cire jaune*, est une substance compacte plus ou moins dure, d'une nuance plus ou moins jaune, suivant sa provenance et le soin qu'on a mis à la fondre. On doit choisir la cire jaune très nette, bien sèche et sonore. On prépare avec la cire jaune les cires colorées pour cacheter les bouteilles et les encaustiques.

La *cire blanche*, appelée à tort cire vierge, car c'est chimiquement qu'on lui enleva sa couleur, sert pour les peintures blanches et claires, tandis que la précédente est utilisée pour les boiseries foncées et les parquets. Voir plus haut ce que nous avons dit de la peinture à la cire.

Cire pour parquets

Faire fondre à chaud. dans un demi-litre d'eau environ, 625 grammes de cire jaune, coupée en copeaux, et 125 grammes de potasse blanche, en remuant constamment. Laisser refroidir le tout et y ajouter, au moment de s'en servir, un demi-litre d'eau bouillante. Etendre cette solution au pinceau sur le parquet et une fois sèche la passer à la brosse.

Cire pour parquets

Une autre manière de préparer la cire pour parquets consiste à faire dissoudre sur le feu 100 grammes de potasse blanche dans 3 litres d'eau, puis y ajouter 125 grammes de savon vert et 500 grammes de cire jaune, coupée en morceaux. Une fois le tout bien dissous, on retire du feu et on remue le mélange, jusqu'à son complet refroidissement. Cet encaustique pour plancher peut servir également pour les carreaux mis en couleur ; on l'étend au pinceau et une fois sec on donne le brillant en frottant avec la brosse.

CHAPITRE VI

OPÉRATIONS QUI DOIVENT PRÉCÉDER TOUJOURS LES TRAVAUX DE PEINTURE

La première opération dans la peinture est l'égrenage, qui consiste à enlever avec le couteau à reboucher, les plâtres ou autres malpropretés attachées aux parties à peindre. Pour les grandes surfaces, les peintres se servent d'un grattoir triangulaire.

On enlève ensuite la poussière au moyen du balai à épousseter.

Les deux opérations terminées, on passe alors la première couche, dite *d'impression*. Cette couche, toujours liquide, doit être passée avec une bonne brosse en soie bien douce et toujours en adoucissant dans le fil du bois ; si l'on peint des boiseries, on doit éviter les coulures et l'engorgement des moulures ; pour cela, on prendra, dans le camion, de la teinte en petite quantité, et on l'étendra régulièrement en s'appliquant à ne pas faire de manques de touches et à bien atteindre partout. Pour bien peindre, et pour passer la couche très régulière, lorsque la peinture est étendue sur un panneau et qu'on a adouci de bas en haut, on croise, c'est-à-dire, qu'on adoucit en travers du panneau, soit de gauche à droite, soit de droite à gauche, puis enfin, on adoucit de nouveau du haut en bas dans le sens du fil du bois. Pour faire les réchampissages, on se sert de brosses d'un pouce, de préférence un peu usées, car elles sont bien plus moelleuses que lorsqu'elles sont neuves.

Lorsque la première couche est parfaitement sèche, on procède au ponçage.

Le ponçage se fait au papier de verre et sert à enlever les grains et les aspérités qui se trouvent encore sur les boiseries. Il faut toujours poncer dans le fil adopté pour peindre et faire attention de ne pas frotter trop fort sur les moulures et autres parties saillantes, car on enlèverait la peinture sur les arêtes vives et on ne réussirait jamais à couvrir ces parties.

Après le ponçage, on époussette et on commence à reboucher.

On appelle rebouchage l'opération que le

peintre exécute pour faire disparaître les trous, les joints, les fentes, etc., en un mot, tous les défauts existants sur les parties à peindre.

Le rebouchage se fait au mastic teinté ou non teinté, et de la manière suivante :

Après en avoir préalablement réchauffé un morceau en le roulant entre les deux mains, on le réunit dans celle de gauche, puis avec le couteau que l'on tient de la main droite, on prend de ce mastic par petites quantités et on étend ensuite partout où il en est besoin. Pour bien appliquer le mastic, on doit tenir le couteau comme le montre la figure, appuyer et faire glisser en même temps de haut en bas, ou de gauche à droite, selon la nécessité.

Le rebouchage doit être bien suivi en commençant toujours par les parties supérieures. Lorsque les parties que l'on rebouche doivent être enduites, on n'en prend pas autant de soins et l'on se contente de reboucher les plus gros trous ; car l'enduit s'étend partout, égalise le tout de la même manière.

Pour les travaux soignés, on prépare les fonds avec un soin tout particulier, et l'on emploie les enduits. L'enduit est une sorte de peinture qui, trop épaisse pour être étendue à la brosse, est étendue au couteau. Il se compose de céruse, de blanc de Meudon, d'huile,

d'essence de térébenthine et de siccatif. On
forme une pâte et on l'applique en ayant soin
de bien égaliser et que les reprises ne soient
pas apparentes.

Ce travail offrant de grandes difficultés
d'exécution pour l'amateur, nous ne nous éten-
drons pas sur ce sujet, laissant aux courageux
le soin de s'initier eux-mêmes *de visu* et au-
près d'hommes du métier. Le rebouchage terminé, on procède à l'application de la seconde
couche de peinture.

La teinte de la deuxième couche doit être
employée plus épaisse que la première et au
lieu d'adoucir avec la brosse qui sert à étendre
la peinture, on se sert de la brosse plate, dite
queue à lisser. Cette brosse étant plus douce,
unit et prépare mieux pour l'apposition des
dernières couches. Lorsque la seconde couche
est sèche, on donne un léger ponçage et on fait
la révision des masticages. Cette révision a
pour but de voir si rien n'a été oublié lors du
rebouchage. Elle doit être faite au mastic
teinté, ainsi appelé parce que pour l'empêcher
de faire tache en ressortant sous la teinte, on
y mélange un peu de teinte dont on doit se
servir pour peindre.

La troisième couche doit être comme la
deuxième, parfaitement adoucie, et on doit
faire en sorte qu'elle couvre bien. On évitera
aussi d'avoir des parties mates et des parties

brillantes, mais cet inconvénient ne se présentera pas si on tient compte des conseils que nous avons donnés précédemment sur la préparation des teintes.

Que la quantité de détails dans lesquels nous venons d'entrer, ne rebute pas nos lecteurs ; ils ont tous leur utilité, et de la façon dont on les aura plus ou moins bien suivis, dépendra le bon résultat du travail.

Beaucoup de personnes ont le tort de croire qu'une ou deux couches de peinture *bien épaisse* peuvent suffire et que les travaux préliminaires sont complètement inutiles, inventés seulement par les peintres pour faire monter leurs mémoires. Ne croyez pas cela ! S'il arrive quelquefois aux peintres de faire *sauter* une couche, c'est que les rabais considérables qu'on leur fait subir les y obligent ; et encore, est-ce à regret qu'ils le font, car ils savent bien, eux, que la qualité du travail en souffrira.

Une peinture graineuse et mal rebouchée paraîtra toujours à moitié finie : aussi, nous ne saurions trop insister pour qu'on soigne le ponçage et le rebouchage qui sont, à notre avis, les parties essentielles du travail et le point du départ de la réussite.

CHAPITRE VII

PRÉPARATION des TEINTES et TONS
MANIÈRE DE PEINDRE

Après les explications préliminaires qui précèdent, chacun se rend compte, que pour obtenir une teinte, il faut le concours de l'huile, de l'essence de térébenthine, de siccatif et de matières colorantes. Suivant l'usage que l'on doit en faire, la quantité d'huile et d'essence devra varier. Ainsi, pour peindre des volets, des portes et des fenêtres à l'extérieur, il faut commencer par détremper sa teinte, pour la première couche, de deux tiers d'huile et un tiers d'essence ; pour la deuxième couche de trois quarts d'huile et un quart d'essence ; pour la troisième couche, détremper à l'huile pure. Pour les peintures extérieures, la préparation diffère un peu de la précédente ; la première couche doit être détrempée de trois quarts d'huile et un quart d'essence ; la deuxième, moitié huile et moitié essence, et la troisième à l'huile pure.

Pour préparer une teinte, on prend un camion bien propre, on y introduit d'abord le blanc de céruse ou de zinc en pâte, en proportion avec les besoins et, sur ce blanc, on verse très peu d'huile ou d'essence, selon qu'on a besoin d'une teinte grasse ou maigre ; on délaye peu à peu, à l'aide d'une spatule de bois ou d'une vieille brosse, et on n'ajoute du liquide que lorsque la pâte durcit. Lorsque la pâte ne contient plus aucun grumeau et qu'elle a acquis une souplesse crémeuse, on reconnaît qu'elle est bien battue et propre à être *teintée*.

L'introduction des couleurs doit se faire peu à peu et l'une après l'autre.

Manière de peindre

La brosse doit se tenir de la main droite, le manche entre le pouce et les deux premiers doigts, en sorte qu'il repose sur le côté gauche du doigt majeur. On trempe les soies dans la teinte, *seulement à moitié* de leur longueur, puis on relève la brosse et on étend la couleur en commençant toujours par le haut de la surface à peindre. Il faut étaler la teinte en la croisant, c'est-à-dire qu'après avoir peint dans un sens on revient dans un autre, pour finir en *lissant*, dans le sens de l'objet, avec la brosse appropriée à cet usage, et sans appuyer sur la peinture.

Quelques applications courantes

S'il s'agit de peindre *une porte*, on devra commencer toujours par le panneau du haut et par les moulures, puis on fait le panneau lui-même, ensuite on passe au second, etc. Les champs ou encadrements se peignent après les panneaux, en commençant par les traverses pour terminer par les montants, sans oublier l'épaisseur du dessus, et on achève par le chambranle, qui est la partie scellée au mur qui encadre la porte.

On commence le chambranle par les feuillures, on continue par un des montants, puis par la traverse et on finit par l'autre montant. S'il y a plusieurs tons, on commence par les panneaux, qui doivent toujours être du ton clair, on continue par le chambranle qui est du même ton, et l'on termine par les champs qui seront d'une nuance plus foncée. Il en est de même pour toute boiserie.

Si nous avons à peindre une porte d'entrée extérieure neuve, on commencera par lui donner la couche d'impression ; on la poncera, on la rebouchera, puis on lui donnera successivement deux autres couches de la peinture choisie. Lorsque la porte a été déjà peinte, pour éviter les fendillements, il faut enlever les vieilles peintures, en les brûlant au moyen de la lampe à souder, des fers chauds, de réchauds ou de gaz, soit en les dissolvant à la potasse.

Pour un amateur, nous conseillons ce dernier procédé, et voici la recette d'un enduit qui vous permettra de faire ce travail vous-même, sans trop de peine.

Mélangez 1 kilo potasse caustique liquide à 40° avec 3 kilos colle de pâte, 500 grammes savon noir et 250 grammes de gras. Formez une pâte que vous étendez sur les parties de vieilles peintures que vous désirez enlever, puis râclez avec le fer triangulaire.

Si les couches apposées sont épaisses, il suffira de frotter à l'eau avec une brosse à lessiver, pour enlever complètement la peinture ; au contraire, si la première couche ne suffit pas, il faudra en passer une seconde et rincer avec de l'eau légèrement acidulée.

Après une telle préparation qu'on peut appliquer à n'importe quelle boiserie, ou devanture, de magasin, on pourra peindre comme sur du bois neuf.

Pour les *fenêtres,* on commence d'abord par rechampir les carreaux, on continue ensuite par les traverses, les montants et les feuillures, sans oublier, en haut et en bas, les épaisseurs du bois. Les vitres salies par la couleur devront être nettoyées au fur et à mesure avec un chiffon.

Plafonds. — La peinture des plafonds se fait à la colle ou à l'huile, et exige d'être faite vivement et sans retouches. S'il s'agit d'un plafond neuf à peindre à la colle, il devra être gratté, tout d'abord, sur toute sa surface avec le grattoir triangulaire. La teinte préparée pour tout le plafond, comme il a été dit, devra être étendue à chaud, c'est pourquoi, il faut que la préparation soit à portée de la surface à couvrir. On commence à peindre la face tournée du côté d'où vient la lumière et de préférence dans un des angles du plafond. Le travail doit être mené vivement et sans arrêt de droite à gauche, les coups de brosse toujours dans le même sens. Pour atteindre les parties inaccessibles à la grosse brosse, on se sert de la brosse à un pouce. Une couche d'une teinte bien préparée doit suffire, mais si l'on en passe une deuxième, qui sera plus facile, il faut attendre que la première soit bien sèche.

S'il s'agit de repeindre un vieux plafond, il faudra commencer par le débarrasser de l'ancienne couche de peinture, sans quoi il se produirait des écailles du plus vilain effet. Pour cela, on lessive simplement le plafond avec une éponge et de l'eau chaude, on l'essuie avec une éponge sèche et on le peint aussitôt, comme nous venons de l'indiquer. Inutile d'ajouter que pendant ce travail, on recouvrira les meubles et le parquet de vieilles toiles ou journaux, pour s'éviter de les tacher et d'avoir à recommencer un travail de nettoyage. Si pendant l'opération, la peinture vient à s'épaissir, c'est qu'elle s'est refroidie ; comme son application deviendrait alors très difficile, il faut mettre le camion sur le feu pour lui rendre sa fluidité.

Lorsque l'étendue du plafond ne permet pas de le faire à deux reprises, c'est-à-dire en deux coups d'échelle, il faut le peindre à plusieurs, et mieux vaut recourir, dans ce cas, à des professionnels, car on risque de faire de la mauvaise besogne.

Quoique les plafonds se fassent plus souvent à la colle qu'à l'huile, à cause du prix moins élevé, il est bon de savoir que ce même travail à l'huile est plus beau et de plus longue durée. Comme cette peinture ne craint pas l'humidité et peut facilement se laver, on aurait souvent avantage à l'employer pour cet usage, plutôt que la colle, à cause de sa résistance à l'humidité et de sa durée.

Après l'égrenage, s'il s'agit d'un plafond neuf, il faut recouvrir le plâtre d'un *enduit*, et après 24 heures, le passer au papier de verre, puis donner deux couches successives de peinture.

Voici quelle est la préparation de l'enduit pour ceux qui voudraient l'essayer.

Prenez du blanc de Meudon broyé en poudre, environ le tiers d'un camion, ajoutez-y de l'huile de lin, en quantité suffisante, pour en former une pâte compacte, c'est-à-dire du mastic ; ajoutez le même volume de blanc de céruse et mélangez bien le tout avec un bâton plat, en y ajoutant, en même temps, quelques grammes de siccatif en poudre et de l'essence de térébenthine jusqu'à consistance de pâte molle. Avec cet enduit, bouchez tous les trous et défauts du plafond ou de la surface sur laquelle vous l'appliquez, de manière à l'égaliser et à l'unir parfaitement.

Pour l'appliquer on en prend un peu sur le bord du couteau, puis, tenant celui-ci avec la main droite et appuyant légèrement sur le fer avec la gauche, on étend l'enduit partout, uniformément, et en évitant que les reprises s'aperçoivent.

Cette pâte une fois bien unie et bien sèche, on la poncera au papier de verre pour enlever toutes les aspérités.

Manière de poser un piton Golo pour suspension

Bien que la plupart des salles à manger de nos appartements modernes, possèdent aujourd'hui dans les rosaces de plafonds de solides crochets fixés dans la charpente, au cours de

la construction, pour recevoir lustres et sus-
pensions, il n'est pas rare encore, à Paris et à
la campagne de trouver des maisons qui en
soient dépourvues.

Il arrive encore, assez souvent que, par suite
de la disposition de l'appartement, on change
la destination des pièces, que de la salle à manger on fasse un bureau, du grand salon une
salle à manger, etc., et que le plafond de la nouvelle pièce ne soit pas muni d'un crochet pour
la suspension. Eh bien, ne vous désolez pas,
avec un piton Golo nous allons remplacer l'ab-
sent.

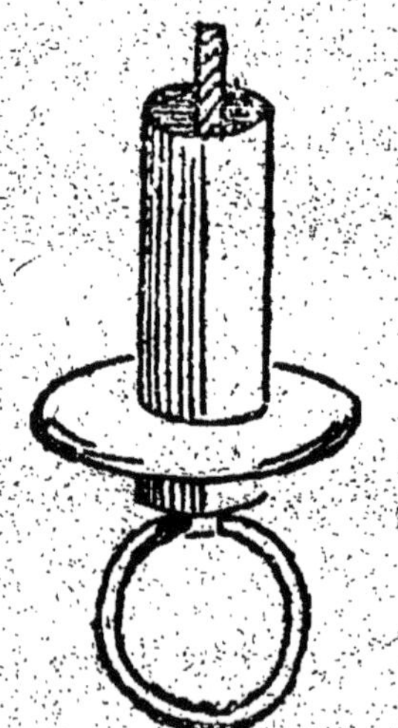

Fig. 1. — Piton Golo.

Cet ingénieux petit appareil se compose d'un
piton à anneau fermé dont la tige filetée reçoit

un écrou de forme tronçonnique A. Immédiatement, au-dessus de l'anneau se trouve une rondelle qui reçoit les extrémités inférieures recourbées de deux ou trois fractions égales

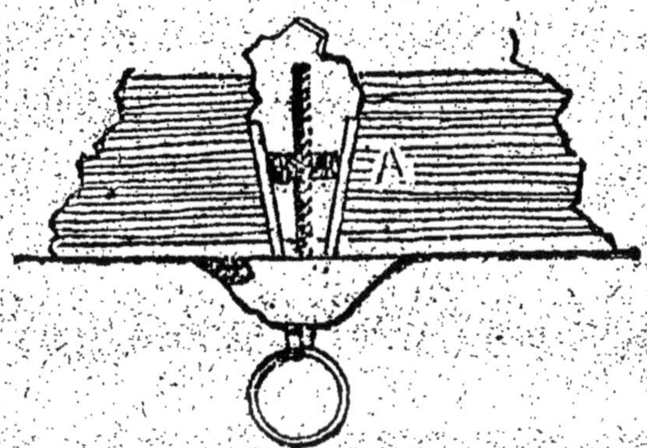

Fig. 2. — Piton Golo posé.

d'un manchon cylindrique coupé suivant des génératrices. Lorsque l'écrou tronçonnique se trouve à l'extrémité supérieure de la vis, les différentes parties du manchon sont jointives et constituent par leur ensemble un véritable cylindre, comme le présente la première figure et tel qu'on le trouve dans le commerce, soit en fer ou en laiton.

Pour en faire usage, il suffit de percer à l'endroit voulu du plafond, à l'aide du villebrequin, un trou de diamètre égal à celui du manchon. S'il s'agit de percer un trou dans la brique, ce qui est très rare, le tamponnoir serait nécessaire.

L'ouverture faite, on enfonce le manchon du piton Golo dans le trou, jusqu'à ce que la rondelle vienne s'appuyer exactement sur le plafond, puis on tourne l'anneau comme si on voulait enfoncer la vis. La rotation imprimée à cette dernière fait descendre l'écrou que deux ou trois ergots engagés dans les ouvertures existant entre les branches du manchon empêchent de tourner.

L'écrou, en descendant, agit comme une sorte de coin qui écarte ses branches, les appuie fortement sur les parois de l'ouverture pratiquée dans le plafond et lui fait prendre la position indiquée dans la deuxième figure.

Des Murs

Suivant la nature des murs, il faut procéder différememnt. Si le *mur est en pierres*, il faudra avant de le peindre passer dessus une couche d'huile de lin chaude dans laquelle on aura mis de la litharge ou de la céruse ou du minium. Il faudra veiller pendant l'ébullition à ce que l'huile ne verse pas. Cette couche d'huile étant sèche, on pourra prendre le mur à l'ordinaire.

Il arrive parfois que le mur est très humide au moment où l'on veut faire ce travail ; dans ce cas, on passera avant l'huile bouillante, une couche d'acide sulfurique. Cet acide étant très avide d'eau, absorbera toute l'humidité de la pierre.

Pour les *murs en ciment*, il y a des précautions particulières à prendre, car le ciment contient des matières corrosives qui attaquent la peinture et dénaturent les teintes.

On évitera ces inconvénients en passant d'abord une couche d'acide sulfurique sur le ciment, puis, lorsqu'il est sec, on passe dessus une couche de cire jaune qu'on a fait fondre dans un peu d'essence de térébenthine, et on égalise en frottant avec un chiffon. Cela fait, le ciment peut recevoir n'importe quelle peinture sans risque d'altération. On peut remplacer ce procédé par un autre un peu plus coûteux mais plus rapide, en revêtant le ciment d'une couche de vernis gomme laqué.

On opère de même pour peindre à l'huile sur les *murs de plâtre*, lorsque ceux-ci sont frais, mais lorsqu'ils sont secs, on procède comme pour les murs de pierres.

Pour peindre les murs de hauteur moyenne qui seuls doivent nous occuper, tels que chambres, vestibules, couloirs, etc., il faut commencer par le haut. On mène une largeur d'environ un mètre à un mètre cinquante, d'un seul coup, à l'échelle double, et on descend les coups de brosse jusqu'à hauteur d'homme ; on recule l'échelle vers la gauche et l'on finit debout, à terre, ce que l'on a commencé sur l'échelle.

que l'on reporte à gauche. On répète ce manège, en ayant bien soin chaque fois de reprendre très exactement et bien à la suite les coups de brosse, afin que les reprises ne paraissent pas.

Si vous désirez peindre des *persiennes* ou des *volets*, sortez-les de leurs gonds, numérotez-les sur une épaisseur pour faciliter le replacement, puis nettoyez-les bien, grattez-les, lavez-les, et posez-les sur des tréteaux pour les peindre avec plus de facilité.

Pour les *grilles*, *balcons*, etc., il faut commencer par les gratter et les passer au papier de verre. L'impression se fait d'ordinaire au minium, puis on passe deux couches avec des teintes assez grasses, en commençant par le haut, du côté intérieur. Le noir est la couleur qui convient le mieux avec le vert foncé. La première couche sera détrempée moitié huile, moitié essence ; la deuxième 2/3 huile et 1/3 essence.

Pour ne pas tacher le soubassement, on le couvrira provisoirement de gros papier.

CHAPITRE VIII

De la PEINTURE en DÉCOR, IMITATION des BOIS et des MARBRES

Chacun sait que tous les bois et tous les marbres peuvent être imités en peinture, mais ce que beaucoup ignorent c'est qu'il est assez facile à un simple amateur, doué de quelque goût, d'exécuter lui-même très convenablement, et parfois supérieurement, ces travaux de pure décoration. Le souci du véritable artiste sera de s'efforcer de copier la nature, ce qui est fort rare, dans la pratique professionnelle ; toutefois, il convient de faire un choix heureux dans les modèles qu'on peut avoir sous les yeux, et le bon goût devra toujours être votre guide.

Outillage pour les imitations de bois

Les principaux outils indispensables pour

exécuter ces travaux sont : un assortiment en longueur et largeur de *peignes en acier* ; trois ou quatre *peignes en cuir* ; des *veinettes* assorties ; un *blaireau* ; deux *ballons* ; une ou deux *queues de morue* pour adoucir ; des *pinceaux à chiqueter* ; des brosses ou pinceaux à décor, une éponge, quelques crayons à faux-bois assortis de teinte, des morceaux de toile à tapisser, des lanières ou bandes de drap ou flanelle unie, une palette et un godet.

Avant d'aborder les procédés employés couramment pour l'imitation des bois, d'abord, et des marbres ensuite, il nous faut conseiller à nos lecteurs, pour qu'ils puissent profiter complètement de notre enseignement, de musarder quelquefois devant des boutiques où pratiquent des peintres décorateurs de profession. Éclairés déjà par la théorie de ce livre, ils comprendront mieux nos indications pratiques, saisiront sur le vif, les tours de main particuliers à chaque artiste, et les difficultés premières s'aplaniront comme par enchantement. Cela dit, continuons notre étude.

Les bois

Nous avons dit qu'on pouvait imiter tous les bois, mais notre but n'est pas de vous enseigner à les imiter, mais seulement les plus courauts, comme le *chêne*, le *noyer*, l'*acajou*, le *palissandre*, le *thuya*, l'*érable*, le *bois de rose*, etc...

Des teintes de fond

Qu'il s'agisse de l'imitation des bois ou des marbres, le principe reste le même et consiste en deux opérations bien distinctes : l'apprêt du fond ; le glacis et l'imitation.

Selon la couleur du fond et la nature du glacis, on imite tel ou tel bois. Tous les fonds sont préparés en peinture ordinaire avec des teintes à base de céruse, et préparées à l'huile et à l'essence ; toutefois, il faut les tenir maigres, afin que le glacis puisse se bien étaler et pour empêcher les vernis de se gercer.

Les fonds de bois et de marbre se préparent de la manière suivante :

La première et la seconde doivent être détrempées comme les peintures ordinaires et la troisième couche sera détrempée d'un tiers huile et de deux tiers essence

Pour le *bois de chêne neuf*, on prend du blanc de céruse, taché d'un peu d'ocre jaune et de terre d'ombre brûlée.

Pour le *chêne demi neuf*, même ton, avec un peu plus d'ocre jaune et de terre d'ombre calcinée.

Pour le *chêne vieux*, on diminue le blanc, en

augmentant la quantité des autres couleurs ; ou bien, on se sert du jaune mexico mélangé d'un peu de blanc.

Pour le bois de *noyer jeune*, on prépare le fond avec du blanc de céruse, de l'ocre jaune et une pointe de jaune orange, le blanc en petite quantité.

Pour le *noyer vieux*, un peu de blanc et de jaune mexico avec un peu d'ocre jaune.

Pour l'*acajou*, un peu de blanc de céruse, d'ocre jaune, d'ocre rouge et de vermillon pour donner le brillant de l'acajou neuf. Si l'on désire imiter l'acajou un peu vieux, on augmente la dose des ocres jaune et rouge.

Pour le *palissandre*, ocre jaune, jaune mexico et blanc de céruse. Pour faire ressortir la décoration, ce bois ne doit pas être trop foncé.

Pour le *thuya*, fond composé de blanc de céruse, de vermillon, d'ocre jaune et de jaune de chrôme. Il faut que ce ton soit bien frais et tire sur le ton clair un peu jaunet.

Pour l'*érable*, même fond que pour le chêne neuf, avec une pointe de jaune de chrôme pour obtenir un ton plus frais. Pour l'*érable gris*, fond clair composé de blanc de céruse et de noir d'ivoire, avec une pointe de terre de Cassel.

Pour le *bois de rose*, blanc de céruse, ocre jaune, jaune de chrome et vermillon.

Comment on imite les bois

Reprenant chacune des teintes indiquées pour chaque bois, voici le travail qui incombe, par la suite, au décorateur, pour chacune d'elles.

Bois de chêne

Après avoir légèrement poncé le fond, on passe le *glacis*, qui pour le *bois de chêne* sera composé de terre de Sienne naturelle pure, pour le *jeune chêne*, avec addition de terre d'ombre brûlée pour le *demi-vieux*, et avec cette terre seule pour le *vieux chêne*.

On doit employer les terres toujours seulés à cause de leur transparence et éviter l'emploi des ocres qui couvrent trop et manquent de la transparence nécessaire

Comme liquide, on ajoutera aux terres ci-dessus, deux tiers d'essence et un tiers d'huile, avec très peu de siccatif On peut ajouter un peu de blanc d'Espagne pour épaissir et éviter les coulures. Il faut toujours passer au tamis le glacis, afin d'enlever les grains qui gâteraient le vernissage qui doit terminer le travail.

Le glacis se passe presque à sec, avec une brosse plate un peu dure, et doit être très égal et très uni, en ayant soin d'éviter les coulures dans les moulures et les angles des panneaux. On doit cõmemncer le travail par les panneaux pour finir par les champs. C'est le glacis qui sert à l'ébauche du bois.

Ce travail terminé, avec un morceau de toile à tapisser, pliée en deux ou trois, on fait des traînées en opposition, en évitant la raideur, c'est ce qu'on appelle *chiffonner* son bois. Cette ébauche sert à guider le peintre pour la distribution et le veinage du bois de chêne. On divise ensuite les panneaux en deux ou trois planches, suivant la largeur, on prendra un coin de sa toile sur l'ongle du pouce et un autre coin de toile dans l'autre main, on mettra la main qui tient la toile du côté de la moulure et le coin de toile qui enveloppe l'ongle sur le panneau ; on descendra alors les deux mains en même temps, en ayant soin que l'ongle recouvert de toile trace la séparation de la planche. Puis, avec un peigne en acier on fera les grains du bois, en leur donnant le type laissé par le chiffonnage. Pour les grains ou veines qui s'écartent davantage les unes des autres, on taille des peignes en cuir de différentes grosseurs, car on ne peut passer brusquement, dans la même planche, d'un gros grain à un petit, car il faut toujours un peignage moyen entre les deux. Il n'y a qu'au passage d'une planche à une autre qu'on puisse faire ce changement, afin d'obtenir un heureux effet.

par le contraste. L'opération que nous venons de décrire se nomme *peignage*.

Maintenant, pour représenter les coupures qui existent dans le grain du bois, on se sert d'un peigne en acier, à dents très fines, et on le passe en le tenant incliné. Pour obtenir des parties moirées, on passera sur le premier peignage un peigne plus fin en tremblant légèrement. La ronce ou cœur du bois se fait au *dépouillé* ou à l'*essuyé*. Le dépouillé se fait au pinceau, l'essuyé se fait comme la maille avec une bandelette et le pouce. C'est par ce dernier moyen qu'on imite le mieux la nature. Lorsqu'on fait un cœur de chêne, il faut bien observer que le cœur doit toujours être accompagné d'un large peignage diminuant graduellement et suivant les contours adoptés pour les nœuds du bois. C'est par la pratique qu'on arrive à bien exécuter ce travail, qui est la seule difficulté que présente le chêne.

Il faut, maintenant, tandis que la teinte est encore fraîche, *mailler* le chêne.

Dans le décor des bois, on appelle mailles, les parties claires enlevées à vif, que coupent transversalement les veines du bois. La maille s'exécute comme la ronce, avec le pouce enveloppé de lanières de draps, et la difficulté de ce travail consiste en la souplesse qu'il faut donner à ces mailles qui se tortillent entre elles d'heureuse manière, afin que l'imitation soit la plus parfaite possible. Pour le vieux chêne, les mailles ne sont pas essuyées, mais faites au pinceau.

En général, pour mieux faire ressortir le travail, on oppose à une planche ouvragée une autre planche unie, mais l'amateur qui cherche le mieux, peut se dispenser de ce truc, et soigner également toutes les planches de ses bois, ce qui a lieu d'ailleurs dans les boiseries véritables.

D'ordinaire, les champs qui encadrent les panneaux doivent être simples et ne se composer que d'un peignage, afin qu'ils fassent mieux ressortir les panneaux.

Le *glaçage* a pour but de donner de la transparence au travail qui précède et d'adoucir la crudité de certaines veines obtenues avec le peigne. Ce n'est que lorsque le chêne est bien sec qu'on s'occupe du glaçage.

Il y a deux sortes de glacis : le glacis général et le glacis artistique. Le premier consiste à prendre la teinte qui a servi pour l'exécution du bois, à l'éclaircir et à glacer entièrement son bois ; en égalisant ce glacis avec une brosse plate.

Le glacis artistique est plus compliqué et exige du métier. Pour l'exécuter, on a sur sa palette un peu de glacis primitif, puis avec une petite brosse, on met quelques appositions sur les nœuds, en n'oubliant pas de toujours adoucir ; ensuite, avec un pinceau très fin, on fait des repiques pour imiter les pores existant dans les veines du bois, surtout celles qui forment la ronce ; puis, dans certaines parties, on fait des veines très légères, on passe sur les parties maillées, et, avec un peigne en cuir on coupe ces veines et on adoucit avec une brosse place. On imite le miroitage formé par certaines mailles, en les bordant en dessous avec la teinte du glacis et l'on adoucit dans le sens de la maille.

Pour imiter le vieux chêne on peut employer également le procédé suivant qui fait très bon effet. On ébauche le chêne par le peignage, on laisse sécher ; on reglace par dessus et on fait alors les mailles et les effets qu'on veut produire.

Bois de noyer

On peut faire cette imitation de bois à l'huile et à la cire ou à l'eau. Les deux procédés peuvent même s'employer simultanément. La palette doit être chargée de terre d'ombre naturelle, de terre de Sienne calcinée, de terre de Cassel et de noir, le tout séparément broyé à l'huile.

Comme pour le bois de chêne, on préparera

dans un camion très bien nettoyé un glacis, très liquide, composé de terre d'ombre naturelle ; on l'étendra régulièrement et sans excès, avec une brosse de soie courte, on l'égalisera et on tracera son ébauche.

Pour ébaucher, on prend, avec une petite brosse un peu de terre de Sienne brûlée, qu'on fait bien fondre par parties, dans le glacis, puis avec une brosse plate, on prend un peu de terre de Cassel, et on fait des frottés pour obtenir des appositions. On trace ensuite la ronce du noyer ; après quoi, avec un crayon Faber ou Conté on dessine quelques veines qu'on éteint à l'aide de la brosse plate, puis on adoucit et on laisse sécher.

Lorsque l'ébauche est sèche, on glace à l'eau, en se servant des mêmes couleurs que la palette, qu'on broie à l'eau acidulée d'un peu de vinaigre, au lieu de les broyer à l'huile. Lorsque le fond est trop gras, on le dégraisse avec une éponge mouillée et un peu de blanc de Meudon. On prépare ensuite un peu de glacis à l'eau composé de terre d'ombre naturelle et d'un peu de terre de Cassel, et on passe un panneau seulement avec le glacis, parce que les couleurs à l'eau séchant très vite, le second panneau séchera avant qu'on eût terminé le premier.

Sitôt que le panneau est passé, à l'aide d'une brosse plate, qu'on tient toujours propre et lavée, on fait quelques éclaircies et quelques oppositions en tremblant la brosse ; on adoucit avec le blaireau et avec le côté de celui-ci, on fait quelques fouettés pour imiter le grain du bois ; puis, avec une veinette, on veine la ronce avec de la terre de Cassel, et l'on adoucit en suivant le fil du bois, sans cependant le rendre trop cotonneux.

Si l'on veut donner grande apaprence à des boiseries en noyer, dans une salle à manger ou bureau, on rehaussera les moulures par un filage noir ou or.

Bois d'acajou

Ce bois n'est pas difficile à imiter. Il y a trois sortes d'acajou : l'*acajou moiré*, l'*acajou flammé* ou *gerbé* et l'*acajou moucheté*.

L'acajou moiré, le plus facile à reproduire, est le plus beau et aussi le plus reproduit. Ses tons chatoyants et moirés flattent l'œil et peuvent être bien reproduit. On obtient cet effet, en procédant comme il suit, après avoir passé et égalisé le glacis qui est composé pour les trois variétés d'acajou, de terre de Sienne brûlée, de laque rouge et de terre de Cassel broyées à l'eau gommée.

On s'arme donc d'une petite éponge mouillée dans une eau très claire, on enlève le glacis en descendant dans le sens du panneau et en faisant des bandes irrégulièrement espacées et souvent brisées dans leur parcours ; on détruit au spalter la régularité et la crudité du travail à l'éponge, on fait quelques spaltés brusques à l'endroit des ruptures de bandes, d'autres en plein glacis, puis avec le blaireau à bois en dehors du travail et on laisse sécher, pour reglacer après à la laque presque dure et finir en fouettant au blaireau pour former le grain. Il ne reste après cela qu'à vernir.

L'*acajou à gerbe* ou *flammé* ou acajou ronceux, parce qu'il a beaucoup d'analogie avec la ronce du noyer, en diffère cependant, en ce que la gerbe se trouve coupée, de temps en temps, par des parties moirées et qu'elle est ambigue, partant en pointe du haut et s'élargissant dans le bas comme une gerbe renversée. Le glacis se passe et se compose comme pour l'acajou moiré, mais le travail diffère, en ce que, pour enlever à l'éponge mouillée on trace sur le glacis, au milieu du panneau, une sorte de flamme, de manière que les côtés soient les plus essuyés. Les enlevées se font donc du centre vers les bords ou réciproquement. La flamme doit être inclinée et non droite, plus large à sa base, et se rétrécir en montant. On reglace, enfin, très clair, et l'on fait un véinage qui suit la flamme d'un côté à l'autre, pour la traverser en suivant ses ondulations.

L'*acajou moucheté* est comme l'érable sillonné

de nœuds, mais les nœuds sont plus gros et plus adoucis, il possède également un veinage. On emploie pour ce bois le même glacis que pour l'acajou moiré, qu'on éclaircit un peu plus.

Après avoir passé et égalisé le glacis, on fait quelques effets à la brosse plate, puis on adoucit avec le blaireau. On dispose sur la palette la même teinte, en la tenant plus épaisse, et avec quelques brosses fines, groupées ensemble et maintenues dans une plaque de liège, on fait des points au hasard, qu'on adoucit dans tous les sens, puis avec une brosse ballon, on fait quelques essuyés au milieu de quelques nœuds. Une fois l'ébauche sèche, on prend, avec une veinette, du glacis primitif, et on fait un veinage comme pour l'érable, c'est-à-dire très léger et en contournant les parties noueuses. On peut également faire ce veinage au crayon de terre de Sienne calcinée. Comme pour tous les acajous, le glacis final se fait à la laque.

Le palissandre

Ce bois exige un fond franchement rouge, tout à l'ocre rouge pour la dernière couche d'apprêt. On emploie deux procédés pour son exécution : à l'huile et à l'eau, mais le premier procédé donne de meilleurs résultats.

Lorsque le fond est bien sec, on le ponce légèrement et on enlève tous les petits grains qui se détachent, puis on passe le glacis composé de terre de Sienne brûlée et de terre de Cassel, qu'on aura tenu très transparent. Sur ce glacis frais, on dessine les nœuds au crayon Conté tendre, et on trace sur le côté un veinage fin à la veinette. Pour bien imiter ce bois, et la plupart des bois, il est bon d'avoir des modèles sous les yeux, et une fois rompu aux variantes de chacun d'eux, on peut se laisser aller à des créations personnelles qui ne choqueront pas le bon goût.

Bois de thuya

La dernière couche d'apprêt pour ce bois, doit être de deux tiers d'ocre jaune pour un tiers d'ocre rouge avec un peu de jaune chrome. On peut réchauffer ce ton d'une pointe de vermillon. L'eau est le procédé employé. Le glacis se compose de terre de Sienne brûlée, mélangée d'un peu de laque, et on compose la palette de terres de Sienne naturelle et brûlée et d'un peu de terre de Cassel.

Comme le thuya n'est guère employé à l'intérieur, nous ne nous étendons pas sur les procédés à employer, d'autant plus que d'après nos explications données pour les autres bois, on se rendra compte au vu d'un modèle, comment sont faits les nœuds et le chiquetage de ce bois.

[...] ne s'use pas la teinte du [...] composé de terre de Sienne naturelle et [...] de Cassel, le tout broyé séparément [...] de ces dans un canson propre, ayant [...] à l'huile. On retrouve [...]

[...] précautions [...] conventicel, laissant par intervalles de larges [...] ou la teinte du fond est bien [...] découvert; puis, avant que la glacis ne sèche, [...] l'argile par masse, avec le bout des doigts, [...] former les petits [...]

On ne doit placer les grands que dans les [...]

[...] ainsi, qu'on lavera au pinceau [...] vent, on force de frotter, placées autour d'un [...] certain nombre de [...] en essuyant légère- ment et en suivant [...] partout le sens de la [...] plate, ce qui produit un très bel effet.

Après ce travail, on procède au veinage, qui se fait à la veinette, en se servant de la teinte du glacis, éclairée. La veine se fait, en tremblottant un peu et en suivant le sens adopté pour le travail. On peut, ce qui est préférable, se servir de crayons Faber bistre, pour tracer les veines ; on les dispose de manière à ce qu'elles s'harmonisent avec le travail, le point de départ étant toujours une veine contournant un nœud et qui va en s'élargissant.

Lorsque le travail est sec, on doit le vernir aussitôt, afin que le ton ne s'affaiblisse pas, vu son peu de fixeté.

L'*érable gris* se fait comme le précédent, mais le fond au lieu d'être jaune doit être gris et le glacis composé de noir d'ivoire très liquide et d'un peu de terre de Cassel. On trace le veinage avec le glacis ou un crayon.

Pour imiter les nœuds, au lieu de pianoter avec l'extrémité des doigts sur la teinte fraîche, comme nous l'ayons indiqué pour l'érable moucheté, on peut se servir d'une petite brosse ronde et dure, qu'on mouille un peu, et avec laquelle on appuie sur les endroits déterminés ; les points ainsi obtenus imitent mieux la nature. Sur le glacis sec, on passe ensuite un coup de veinette en tremblottant légèrement, avec la même teinte précédente.

Les bois d'érable sont surtout employés dans les pièces peu éclairées, dans certains cabinets de travail, couloirs, escaliers, etc., mais ils peuvent rendre de plus précieux services lorsqu'on sait les encadrer, avec du chêne clair ou du cèdre, et figurer alors avec avantage dans les pièces principales d'un appartement.

Bois de rose

Comme en ébénisterie, ce bois n'est employé qu'en placage, il faut en tenir compte en peinture. On doit donc préparer un fond légèrement rosé, composé de blanc, ocre jaune et ocre rouge ; ce bois se fait au procédé à l'eau. Une fois le fond bien sec, on divise les panneaux en quatre pour disposer le placage.

Le glacis, composé de terre de Sienne brûlée et d'un peu de laque, ne se passe que sur chaque division du panneau après l'autre, ou sur deux de la même diagonale ; puis on dessine, par ci par là, quelques nœuds, au crayon de sanguine, on adoucit au blaireau ; enfin on laisse sécher et on fixe le travail avec une couche de vernis Shœnée. Après cette opération première et lorsque le travail est sec, on s'occupe de décorer la seconde moitié du panneau. La couche de vernis empêche la peinture nouvelle de déborder sur le premier travail et fixe d'une façon plus nette les joints des placages simulés.

Avis important

Nos lecteurs et amateurs nous sauront gré de les informer qu'on trouve maintenant dans le commerce, des pochoirs très perfectionnés qui permettent d'exécuter très facilement la plupart des bois, et surtout le chêne qui est si difficile à rendre pour quelqu'un qui n'est pas de la profession. Par ce procédé nouveau, on substitue au glacis à l'huile, un glacis à l'eau de même valeur, et au lieu d'enlever les mailles avec le pouce, on peut, avec le pochoir mailler à l'éponge, ce qui supprime une grande difficulté.

Des notions très détaillées sont jointes aux modèles choisis, et permettent une exécution rapide et très satisfaisante, même pour des débutants.

Des marbres

Nous n'avons pas la prétention, dans un volume aussi réduit et qui s'adresse surtout aux petits propriétaires et aux amateurs, d'indiquer comment on imite en peinture tous les marbres employés dans la décoration. L'exécution de la plupart exige une pratique, une science même de la nature, qui n'est à la portée que des professionnels. Nous nous bornerons donc à signaler les plus courants, ceux dont l'exécution est la plus facile, et à vous indiquer les règles fondamentales qui s'appliquent à tous.

D'abord, le fond, comme pour les bois, se fait toujours lisse et suffisamment sec. Le glacis se prépare avec du blanc de zinc, de l'huile d'œillette et un peu de siccatif blanc en poudre, pour les marbres blancs. On veine le *blanc veiné* avec une palette chargée de noir, de deux tons gris, l'un plus foncé que l'autre. Le *marbre blanc bréché* se prépare de même, seulement la plupart des veines sont remplacées par des cailloux plus ou moins grands enserrés par les veines. C'est un des marbres les plus courants. Dans certains marbres, la brèche est violette, brun jaune, brun rouge, etc.

Les marbres les plus couramment imités sont :

Le blanc veiné et blanc bréché ;

La brèche violette ;

Le marbre rouge du Languedoc ;

Le marbre Cerfontaine ;

Le Campau ;

Le vert de mer ;

Le Levanto ;

Le marbre bleu fleuri ;

Le marbre jaune fleuri ;

Le Portor ;

Le marbre Griotte ;

Le jaune de Sienne ;

Le Sarancolin.

Comme marbres faisant très bien en soubassement, travail de début pour les amateurs, nous signalons le marbre Henriette, le marbre Griotte, le vert de mer, le marbre antique, le Portor, le marbre rouge du Var, les granits, etc...

Si nous ne nous appesantissons pas davantage sur les marbres, c'est que, comme pour les bois, nous trouvons aujourd'hui, dans le commerce, des pochoirs assortis, qui permettent de les exécuter à peu près tous, soit à l'eau soit à l'huile. Ces pochoirs copiés sur nature sont établis en papier imperméable très résistant.

La plupart des marbres sont si facilement obtenus par ces procédés que n'importe qui peut les exécuter en apportant au travail un peu de soin et de goût. Les six premiers marbres que nous indiquons, ainsi que le Griotte et le Portor peuvent être obtenus sans aucun apprentissage.

Pour tous ces marbres qui conviennent si bien aux amateurs, il existe des pochoirs qui réunissent dans un espace restreint assez de cailloux pour qu'on en utilise seulement quelques-uns, tantôt d'un côté, tantôt de l'autre, afin d'obtenir des panneaux pittoresques, très différents les uns des autres.

D'autres marbres à l'eau demandent un petit tour de main et exigent un peu plus de sûreté dans l'exécution, comme le blanc veiné, le Levanto, le bleu fleuri et le jaune fleuri, mais ces difficultés ne seront pour nos lecteurs déjà initiés que très passagères.

Chaque modèle de marbre ou de bois porte en marge les états successifs du travail et sont munis d'une notice explicative indiquant les outils et couleurs nécessaires avec la manière de les employer. Ces modèles renseignent admirablement sur la décoration et constituent des échantillons et des modèles très précieux.

Chaque modèle bois ou marbre accompagné d'une notice, est vendue 2 francs et chaque pochoir 1 franc seulement.

CHAPITRE IX

IMITATION des BRONZES, de la DORURE

Les bronzes qu'on imite le plus en peinture sont : le *bronze vieil argent*, le *bronze jaune* ou *bronze médaille*, le *bronze rouge* ou *Florentin*, le *bronze vert* ou *antique*.

Comme pour les bois et les marbres, on se sert de plusieurs glacis sur un fond déterminé qu'on a bien laissé sécher, ou bien par la peinture seule et par des fondus métalliques.

Le *bronze vieil argent* se fait sur un fond gris de fer ; on passe un glacis de même ton, mais plus clair sur les reliefs de l'objet à peindre, et on fond dans la demi-teinte. Pour bronzer à la poudre, on procède de même et avec plus de facilité.

Le *bronze jaune* a un fond composé d'ocre jaune et de terre d'ombre, avec un peu de blanc. Le glacis se fait avec ces deux premières couleurs, puis avec un autre ton jaune plus élevé, composé d'ocre et de jaune de chrome. Le fondu s'obtient avec simple brosse à longue soie. **Un seul glacis suffit pour bronzer à la poudre.**

Sauf les couleurs qui varient, c'est la même opération pour les autres bronzes, dont les fonds seront brun Van-Dyck et vert neutre. Les couleurs demandent à être bien fondues, et s'il y a des reliefs on fait les fonds très clair pour le bronze antique, afin d'imiter le vert de gris.

Bronzage du plâtre, du bois et du carton

Les objets d'ornement en bois, en carton et en plâtre, ces derniers surtout, perdent assez promptement leur aspect neuf et propre, à moins qu'ils ne soient conservés sous des cloches de verre, ce qui n'est pas toujours possible. La poussière s'attache à leur surface, les rend ternes et sales, et leur ôte toute leur valeur pour la décoration des lieux habités. On obvie à cet inconvénient par le bronzage pratiqué de la manière suivante :

Dans une solution faible de colle-forte, on incorpore par parties égales, du bleu de Prusse, de l'ocre jaune et du noir de fumée, en quantité suffisante pour en former un enduit d'une bonne consistance ; on passe d'abord trois couches de cet enduit sur l'objet qui doit être bronzé. Avant que la dernière couche soit complètement sèche, on applique avec un pinceau, sur toutes les parties saillantes de chaque objet, une petite quantité de poudre d'*or nuisif* ou or d'Allemagne, composition d'un prix peu élevé, qui donne aux vives arêtes des objets bronzés un aspect analogue à celui des pièces de vrai bronze, polies par le frottement. Ce mode de bronzage n'est applicable qu'aux objets placés sur l'appui d'une cheminée, sur une étagère ou une console à l'intérieur d'un appartement habité, par conséquent à l'abri de l'humidité.

S'il s'agit de bronzer des objets du même genre, plus ou moins exposés au contact de l'air humide, on se sert à cet effet de la composition suivante : On passe sur les objets à bronzer deux couches de rouge d'Angleterre broyé avec de l'huile de lin ; sur la seconde couche, lorsqu'elle est suffisamment sèche, on passe une couche de vernis à la gomme laque préparée à l'esprit de vin. Avant que ce vernis soit tout à fait sec, on en repasse les vives arêtes avec un pinceau chargé d'or nuisif. L'humidité prolongée et même la pluie sont sans action sur cet enduit.

De la dorure sur bois et sur plâtre

Pour la dorure sur bois, qui encadre souvent la peinture en bâtiment, on se sert d'or en feuilles et l'on fait subir au bois une préparation convenable, dont voici le détail. On se procure d'abord, comme outil, un pinceau à mouiller, un pinceau à ramender, un pinceau doux et une palette à dorer ; un coussin à dorer, un couteau et des brunissoires en agate.

Quant aux produits, ils consistent en une assiette à brunir, de mixtion et de vernis à la gomme laque qu'on prépare en faisant fondre 120 grammes de gomme laque blonde dans un litre d'alcool. Ce vernis sert à arrêter une partie grasse sur laquelle on mixtionne.

Qu'on veuille dorer le bois à l'eau ou à l'huile, il faut lui faire subir toujours une préparation qui consiste à *encoller, blanchir, reboucher, adoucir, poncer, réparer, prêler, jaunir, égrainer* et *coucher l'assiette* avant de dorer.

On *blanchit* le bois en lui donnant plusieurs couches d'un blanc composé de colle de peau et de blanc d'Espagne. Lorsque les couches sont données on les ponce, et on les prêle, sans user le blanc, puis on étend l'assiette sur les parties qui doivent être brunies.

L'*assiette* est une composition sur laquelle on asseoit l'or. Elle est composée de bol d'Arménie, d'un peu de sanguine, très peu de mine de plomb et de quelques gouttes d'huile d'olive. Les matières doivent être broyées séparément, à plusieurs reprises, avec de l'eau bien claire. Quand elles sont sèches, on les mêle toutes avec de l'huile d'olive, et on les rebroie. On détrempe l'assiette dans une colle de parchemin légère.

passée au tamis, après l'avoir fait un peu chauffer. On donne trois couches de ce liniment, avec une petite brosse de soie longue, on étend les couches sur les endroits qu'on veut brunir ou qui doivent rester mates. C'est en un mot le fixatif de l'or.

Dorure à l'eau

Pour dorer à l'eau, on dépose sur le coussin les feuilles d'or séparément. On les divise au couteau, et on les porte à la palette sur la partie couverte d'assiette que l'on vient d'humecter d'eau avec le pinceau, pour le faire glisser et se rétendre sans aucun pli ; puis, on enlève au pinceau l'excédant d'eau qui détremperait les apprêts.

Les parties qui doivent être *brunies*, c'est-à-dire rendues brillantes, étant dorées, on laisse sécher, puis on les brunit à l'agate ; on les ramende et on vermillonne ensuite pour donner à l'or plus d'éclat.

L'assiette, le vermeil et la mixtion se vendent toutes préparées chez les droguistes.

Dorure à l'huile

Si l'on désire ajouter à la dorure au bruni de la dorure à l'huile, on donne aux parties restées blanches une couche de mixtion au pinceau. C'est sur ce mordant à peu près sec, mais encore collant, qu'on applique les feuilles d'or. Lorsque tout l'or est posé, on promène légèrement dessus le pinceau doux, pour unir et enlever l'excès d'or qui va reboucher au passage les parties où il fait défaut. On rebouche avec des débris d'or les parties qui en manquent, c'est ce qu'on appelle *ramender*.

Ce genre de peinture est plus solide que celle à l'eau ou brunie, mais elle a moins de brillant.

Dorure d'or mat repassé

Lorsqu'on est pressé, et qu'on ne veut pas engorger des sculptures délicates par plusieurs couches de blanc, on ne fait que donner un encollage blanc, clair, à deux couches seulement ; ensuite, on nettoie, on adoucit, on couche de jaune, et l'on dore comme il a été dit ; enfin on donne deux couches de colle à mater.

Cette dorure n'étant pas brunie, ni exécutée avec autant d'apprêts que les autres, est moins solide et moins éclatante, mais elle a cependant son utilité dans bien des cas.

Nota. — Si vous n'avez à dorer que de petites surfaces, vous aurez certainement avantage à employer les ors préparés et liquides qu'on trouve aujourd'hui chez les droguistes. Il est à observer cependant qu'il en existe fort peu qui soient à base d'or pur. Aussi, quand on voudra obtenir un beau travail il faudra recourir à l'emploi de l'or adhésif qui est assez cher, ou à l'un des procédés de dorure que nous venons de décrire.

CHAPITRE X

DES PAPIERS DE TENTURE

Un papier de tenture, quels qu'en soient la qualité et le prix, doit toujours avoir des tons agréables et atténués. Les grands ornements, les grandes fleurs, ne conviennent, en principe, qu'aux pièces larges et hautes de plafond ; les petits dessins ne se distinguent pas dans une pièce spacieuse. Pour les salons, c'est l'usage d'employer des papiers dorés, veloutés ou satinés, en imitations d'étoffes. mais si l'on a beaucoup de tableaux, évitez les dessins lourds et compliqués. On fait beaucoup aujourd'hui des panneaux avec encadrements de baguettes ou moulures de style, où la note claire domine, Nous goûtons beaucoup un cadre de ce genre, qui fait ressortir les peintures, les statuettes et principalement les jolies toilettes des dames.

Pour une chambre à coucher, choisissez toujours des couleurs fraîches, gaies ; des tons doux et harmonieux, des motifs, qui n'inspirent que des idées agréables, afin que, pendant l'insomnie, ou aux premières lueurs du jour, nos yeux ne rencontrent que des couleurs et des images sereines.

La salle à manger se prête à toutes les fantaisies. Si nous suivons les conventions, nous devons parler de papier, imitant le cuir, des tons bois, vert, grenat, des imitations de tapisserie ancienne, des paysages, etc. Mais ce que tout cela sent le convenu et le parvenu. Nous regardons à la dépense dans notre luxe d'occasion, c'est pourquoi les fabricants nous offrent des parodies du confortable ancien, avec leurs papiers imitant les boiseries sculptées, les cuirs de Cordoue, les tapisseries de Beauvais et d'Aubusson, qui décoraient les salles à manger de nos grands aïeux. Tout ou rien était leur devise en art, parce qu'ils ne connaissaient pas les moyens de faire de l'art et du grand art, à peu de frais, et, c'est en cela seulement, que nous leur sommes supérieurs. Nous ne faisons pas mieux qu'eux lorsqu'il s'agit de faire beau et riche, mais nous avons trouvé le secret de faire descendre l'art aux choses simples, parce que nos grands artistes ne dédaignent pas d'abaisser leur talent et même leur génie aux choses courantes de la vie, ce qui sera leur gloire, et l'honneur du XXᵉ siècle.

Les cabinets de toilette se font le plus souvent en imitation de faïence. Comme pour la salle à manger, on plagie le vrai confortable qui devrait consister en application aux quatre murs de jolis carreaux de faïence décorée, lorsque le cabinet de toilette doit être employé à tous usages de propreté. Pour la femme un peu coquette, nous le rêvons plus immatériel.

La peinture est ce qui convient le mieux pour les vestibules, cages d'escalier ; cependant, on emploie beaucoup les toiles peintes, qu'on peut décorer soi-même au pochoir, en employant alors des toiles unies.

Des mesures du papier, du coupage et du collage

Avant d'acheter des papiers de tenture, il faut bien se rendre compte de la quantité qui vous est nécessaire. Le rouleau de papier français, ayant 0 m. 50 de large et 8 mètres de long, il suffit de mesurer le tour de la pièce à tapisser, en exceptant les portes et les fenêtres, puis de multiplier le nombre de mètres obtenus par la hauteur ; on aura ainsi la surface totale, qui, divisée par la surface d'un rouleau, soit 4 mètres carrés, donnera le nombre de rouleaux nécessaires. On devra en prendre deux rouleaux de plus pour les dessus des portes, fenêtres, et en cas d'éraflures ou accident.

On remarquera que sur les papiers de tenture, il y a de chaque côté un centimètre environ qui n'est pas peint. Le premier travail consiste à enlever avec les ciseaux, sur toute la longueur, une de ces bandes non peintes. Ensuite, on coupera soigneusement en droite ligne, pour ne pas laisser de blancs ni couper dans le dessin, ce qui dans l'un et l'autre nuirait à l'assemblage, en montrant après collage des lés de papier dont les dessins ne s'harmoniseraient pas entre eux. Pour éviter cet ennui, il faut procéder ainsi : prenez le papier dans la main gauche, déroulez environ un mètre en laissant aller le rouleau par terre ; puis coupez comme on dira plus loin ; déroulez de nouveau et ainsi de suite jusqu'à la fin du rouleau.

Mais l'important pour la coupe est de s'assurer quel est le sens du dessin et quelle partie devra être collée dans le haut ; on sait que les fleurs et le feuillage doivent toujours être présentés en l'air, et que dans tout motif il y a un haut et un bas ; alors coupez les bandes gauches de chaque rouleau de papier.

En déroulant une pièce de papier, on s'aperçoit toujours que le haut du rouleau vient en premier ; si nous coupons le côté droit du papier en l'enroulant en même temps, nous nous assurerons que chaque rouleau a le côté gauche coupé, une fois le papier renversé. On peut couper les deux petites bandes quand le papier est trop épais, mais alors il faudra y apporter plus de soin, afin que la jonction des deux lés soit parfaite. Avec une règle en fer, un bon canif ou un tranchant, vous obtiendrez une coupure très franche.

Ce travail fait, coupez le papier en morceaux de même longueur, à la mesure de la hauteur des murs à couvrir, moins les deux tiers de la frise et de la bordure s'il y en a une. On se rend bien compte de la partie du dessin qui convient le mieux pour le haut, et le motif adopté devra se répéter, symétriquement, tout autour de la pièce. C'est la première coupe qui sert de point de départ pour toutes les autres qui devront se raccorder ensemble, c'est-à-dire que les motifs incomplets sur un lé de papier, devront se compléter très exactement avec le suivant. Sans cette précaution, on aurait des moitiés de figures, de fleurs, le long des joints, ce qui serait du plus mauvais effet.

Pour le collage, voici comment opèrent les professionnels, ce qui est bon à imiter, afin d'éviter les déchirures et les manques.

Réunissez les bandes de papier coupées à la hauteur des murs, les unes sur les autres, dans l'ordre que vous devez les coller, retournez-les la face contre le bois de la table, de la plan-

che ou du parquet, enduisez copieusement cet
envers avec de la colle de pâte et commencez
à tapisser par le coin gauche de la pièce, le
plus éloigné de la fenêtre. Les peintres se servent de planches avec tréteaux, mais toute
surface plane un peu grande remplira le même
but.

Pose des baguettes

Certains papiers de tenture pour salons,
salles à manger, bureaux, etc., nécessitent un
encadrement plus ou moins important, suivant
les dimensions des panneaux et la grandeur
des pièces. Ces baguettes se vendent au mètre
et existent en toutes dimensions, couleurs, et
toutes nuances d'or.

Tout l'outillage consiste en une petite boîte
à onglets et une scie fine à dents droites. On
coupe la baguette par longueurs, avec un on-
glet, à chaque extrémité ; on coupe d'abord
toutes les traverses, ensuite les montants, et,
nous conseillons de faire tous les onglets d'un
même côté à la fois, afin d'éviter les complica-
tions de travail et les erreurs.

Pour ce travail, qui convient à merveille
aux amateurs, on se sert de pointes juste assez
longues pour traverser la baguette et pénétrer
d'un demi centimètre seulement dans le mur,
ce qui permet de les enlever sans abîmer le
bois et le mur, chose précieuse lorsqu'il s'agit

d'effectuer quelques réparations. Il existe même des pointes sans tête et de forme particulière, qu'on place d'abord dans le mur et dont la pointe aigüe s'enfonce aisément dans la baguette qu'on applique, ce qui donne un travail très propre et de longue durée.

CHAPITRE XI

De QUELQUES PROCÉDÉS de DÉCORATION A LA PORTÉE DES AMATEURS

Décoration au pochoir

La décoration au pochoir est un procédé qui permet de reproduire avec un pinceau et de la couleur, tout dessin qui peut être exécuté au moyen d'une feuille de papier, de métal ou de carton. Le papier perforé suivant le dessin est nommé pochoir. Les sujets reproduits sont généralement d'une seule couleur, mais on peut en multipliant les pochoirs et en divisant le sujet, donner aux différentes parties des colorations différentes, et ils doivent se détacher en clair ou en foncé sur le fond.

Cet art est originaire du Japon, nous trouvons dans les albums de ce pays, sur les écrans, les bibelots de bazars qui viennent de l'Extrême-Orient, des modèles qu'il est facile de copier, avec un peu d'habileté on peut en créer soi-même.

Les principales recommandations à faire dans le choix du dessin, consistent à choisir un modèle, point trop chargé, et où les lignes seules puissent rendre l'effet désiré sans avoir recours au modèle en demi teintes. Le dessin devra être balancé, c'est-à-dire que toute la surface devra être garnie, sans laisser trop de vides, à moins que ces vides ne soit disposés pour faire opposition à d'autres points, les lignes du dessin doivent être fortement marquées, les courbes gracieuses. Dans un dessin géométrique, les parties répétées doivent être absolument semblables. Il est inutile d'insister sur ces considérations générales, le sens artistique de nos lecteurs y suppléera, nous en sommes certains. Un point sur lequel nous appellerons particulièrement leur attention, ce sont les points d'attaches, c'est peut-être la seule difficulté dans la confection du dessin ; car, si ces parties sont mal disposées, le dessin aura lui-même l'air d'être interrompu. On comprendra que si l'on découpait entièrement le dessin dans la feuille de papier ou de métal, différentes parties seraient entièrement détachées, rien ne les reliant, il faut donc ménager, entre toutes les parties, de petites bandes qui les rattachent les unes aux autres. Ce sont là les points d'attaches qui causent une interruption dans les lignes du dessin reproduit. Il s'agit de combiner ces points d'attache, de manière à ce que l'interruption ne soit pas trop visible, et même qu'elle contribue à l'effet du dessin lui-même. Les bandes qui servent d'attaches seront donc proportionnées aux lignes elles-mêmes, et, lorsque le dessin reprend les lignes doivent toujours être dans la continuation de la partie précédente, et leurs places elles-mêmes doivent être combinées de manière à éviter toute discontinuité ; ainsi, dans un dessin représentant des fleurs et des feuilles, on placera les points d'attaches des feuilles tout près de la tige, ceux des pétales autour du centre de la fleur, ceux des fruits à l'extrémité de la feuille, etc. Lorsque les pochoirs doivent servir une infinité de fois pour des décorations que nous pourrions qualifier d'*industrielles*, on les découpe dans une feuille de métal, mince feuille de cuivre généralement, on se sert aussi dans ces cas de carton, mais pour les travaux courants, le papier est parfaitement suffisant. On se sert du parchemin artificiel que l'on trouve dans le commerce, ce papier permettant de décalquer le dessin.

Une feuille de papier à dessin ordinaire ferait au besoin l'affaire, on procède alors de la façon suivante : sur un châssis en bois, on cloué seulement aux quatre coins une feuille de papier à dessin ordinaire, le papier tendu, avec un large pinceau, on passe de chaque côté une couche de vernis copal siccatif, il faut répéter cette opération cinq à six fois, jusqu'à ce que le papier devienne tout à fait transparent, on doit laisser trois ou quatre heures d'interruption entre chaque couche, sept à huit jours sont nécessaires pour sécher intérieurement et le rendre propre à s'en servir. Lorsque le papier est trop vieux, il ne vaut plus rien ; devenant trop sec, il se déchire facilement lorsqu'on veut le nettoyer. Quand le papier est fraîchement fait, il faut avoir soin de mettre une feuille de papier de soie entre chaque feuille, pour éviter qu'elles ne s'attachent ensemble.

La transparence du papier vernis facilite également le découpage, on place le papier sur le desisn choisi et on fixe le tout sur une planche à dessin à l'aide de punaises. On calque alors les traits du dessin en se servant d'un petit poinçon qui raye la surface vernie. Le calque terminé, on pose le papier sur un morceau de verre et l'on le découpe avec un canif bien aiguisé. On doit tenir la lame plutôt un peu droite que trop penchée, cela donne plus de force à la main. Il faut également appuyer assez fort pour couper net du premier coup, on peut seulement revenir dans les coins, la partie découpée doit s'enlever sans qu'on ait besoin de l'arracher, autrement on abîmerait la découpure.

On place le pochoir sur l'objet à décorer et à l'aide d'une brosse, sorte de pinceau, on passe en appuyant et en donnant à la brosse un mouvement de rotation sur toute la surface du pochoir. On retire alors celui-ci et la couleur n'atteignant l'objet qu'au travers des découpures, donnera le dessin voulu.

La peinture à la grille

La peinture à la grille qui tire son nom de l'instrument au moyen duquel on la pratique, a été également dénommée peinture à la bruine, en raison de la substance employée pour son exécution.

Ce n'est pas précisément un art nouveau ; toutefois il n'a guère servi jusqu'à présent qu'à confectionner de petits ouvrages, alors qu'il peut être appliqué à la décoration de grandes surfaces.

Quel que soit le cas, il nous a paru mériter une étude toute spéciale.

L'agrément de ce procédé, c'est qu'il ne nécessite aucune connaissance du dessin, et que le matériel nécessaire à son exécution est d'un prix insignifiant. Le principe est le suivant. Sur une étoffe blanche, du calicot par exemple, on fixe l'objet plan dont on veut avoir la reproduction : soit une feuille de fougère ; on projette sur cette étoffe de l'encre de Chine ou une autre couleur liquide réduite en poussière, l'étoffe noircira dans toute sa surface, sauf sur les parties protégées par la feuille en question, dont elles reproduiront alors le dessin en blanc sur fond teinté. Si l'on a pris une feuille à découpures multiples, feuille de palmier ou surtout de fougères, on voit de suite le parti décoratif que l'on peut tirer de ce procédé.

Le matériel consiste en : 1° une toile métallique assez fine que l'on fixe sur un cadre en bois comme ceux des ardoises à écrire, par exemple ; on peut employer aussi les petits tamis qui servent aux enfants pour cribler du sable et se vendent dix centimes dans les bazars ; enfin, on pourra employer le vulgaire tamis de cuisine qui est encore le meilleur instrument en raison de ses rebords élevés, qui empêchent la couleur de se projeter latéralement ;

2° Une petite brosse dure, brosse à ongles, par exemple, ou mieux brosse dont on se sert pour imprimer sur les caisses d'emballage les caractères à jour ;

3° De l'encre de Chine liquide que l'on pourra acheter toute faite en petits flacons, mais que l'on aura économie à préparer soi-même lorsqu'on en aura besoin ;

4° Un godet un peu grand pour l'encre de Chine. Supposons que nous ayons à reproduire pour un rideau ou pour une teinture une ou plusieurs feuilles de fougères. Nous plaçons notre étoffe bien tendue sur une table de dimensions appropriées, nous la fixons sur les côtés et dans les angles avec des poids, ou autrement, de façon à éviter le retrait de la toile et ses plis. Nous plaçons nos feuilles de la façon la plus artistique et les disposons selon l'effet à produire ; ceci fait, nous les fixons soit au moyen d'épingles, de punaises ou même de colle que l'on pourra faire disparaître ultérieurement avec une brosse imbibée d'eau chaude. Commençant par un angle, nous plaçons notre tamis au-dessus de l'étoffe, en le tenant de la main gauche, nous trempons notre brosse dans l'encre ou la couleur, nous la laissons égoutter et nous la frottons sur la toile métallique du tamis ; la couleur pulvérisée s'échappe en pluie impalpable et vient se déposer uniformément sur l'étoffe. Lorsque nous avons opéré ainsi sur toute la surface, et que nous jugeons le fond assez foncé, nous retirons nos feuilles dont le dessin se trouve reproduit dans ses détails les plus délicats, dans ses contours les plus précis.

Il n'est évidemment pas inutile de retoucher çà et là le dessin au moyen d'une plume pour accentuer certains contours, figurer des nervures, etc. En procédant comme nous venons de l'exposer, nous obtenons naturellement un ton uniforme et des motifs se détachant tous en blanc sur fond sombre. Mais rien de plus facile que d'obtenir à côté de dessins blancs d'autres dessins plus ou moins foncés. Il suffit pour cela de retirer pendant l'exécution du travail une ou plusieurs des feuilles et de continuer la projection d'encre de Chine ; l'endroit occupé précédemment par les feuilles retirées recevra alors de l'encre de Chine et se teintera plus ou moins légèrement, on peut obtenir ainsi toute une échelle de tons plus ou moins foncés suivant que l'on aura laissé les feuilles correspondantes moins longtemps ou plus longtemps. Le procédé est assez compréhensible pour rendre superflu toute autre explication.

On obtiendra des effets exquis en croisant plusieurs feuilles l'une sur l'autre, trois par exemple, celle du dessous destinée à rester jusqu'au bout de l'opération ; la médiane un peu avant la fin et la première presque au début. On obtiendra ainsi trois dessins s'enchevêtrant, du plus heureux effet.

On pourra obtenir sur une même étoffe des sujets variés sur des fonds de couleurs différentes. Supposons par exemple, que nous désirions obtenir une tenture de cabinet de toilette comprenant un sujet central blanc ou gris sur noir avec une large bordure latérale blanc sur rouge. Nous commencerons par réserver l'emplacement de notre bordure en épinglant sur cet emplacement des bandes de papier de même largeur, puis nous exécutons le sujet principal comme nous avons indiqué plus haut. Ceci fait, nous revenons à nos bordures qui sont restées naturellement tout à fait blanches ; nous enlevons le papier qui les protège ; nous couvrons par contre partie centrale qui vient d'être exécutée, tout au moins dans la partie avoisinant la bordure et nous plaçons sur celle-ci nos motifs décoratifs qui pourront être des ornements réguliers en carton ou en papier découpé, ou d'autres plantes en guirlandes, etc. Nous nettoyons soigneusement brosse et tamis, ou mieux nous en prenons d'autres, et nous opérons avec du vermillon ou du bleu ou toute autre couleur choisie comme nous avons opéré précédemment avec l'encre de Chine. On pourra obtenir dans le panneau central lui-même des fonds de couleurs variées en protégeant au moyen de décachis les parties qui doivent être différemment teintées, et on opère successivement pour chaque section comme si elle était isolée.

Pour ne pas avoir des lignes de démarcation trop dures, d'une couleur à l'autre on fera bien de denteler et de percer de petits trous le bord des caches, ce qui permettra de fondre les contours.

De la décoration à l'empreinte

Nous sommes heureux de faire connaître à nos lecteurs un nouveau procédé très pratique de décoration artistique, qui a la décalcomanie comme point de départ, mais qui s'est tellement perfectionné qu'on peut le désigner comme un art nouveau.

La décoration à l'empreinte, c'est l'art décoratif à la portée de tous, autant par le bas prix que par la facilité d'exécution. Nul besoin de connaissances spéciales, nul besoin d'outillage ni d'un matériel quelconque. Il suffit de faire choix dans un album, chez l'inventeur, de ce procédé, et de faire choix des motifs de décoration qu'on désire : frises, guirlandes, bordures, panneaux, semis, coins de plafonds, etc., composés et établis spécialement pour appartements, maisons de campagne, etc., etc.

Voici en quoi consiste ce secret : Imprimé en relief, à l'aide de planches spéciales profondément creusées, sur un papier spécial et recouvert d'un isolant soluble, le motif est reporté sur le mur, la porte, le plafond à décorer, où on le colle simplement comme une feuille de papier peint. On laisse sécher toute une nuit, puis on passe l'éponge mouillée ; l'isolant se dissout ; le papier qui n'est qu'un véhicule provisoire se détache et il ne reste plus que la peinture elle-même, solidement fixée, après l'élimination lente de la colle interposée, elle finit par faire corps avec la surface sur laquelle on l'a appliquée, et sa fixité est désormais définitive.

Cette décoration désormais inaltérable, lavable comme une toile cirée, a toute la netteté et l'éclat d'une belle peinture à l'huile.

Ce genre de décoration réalise une économie de 80 % sur le travail similaire à la main, peut s'appliquer à raison de 10 mètres linéaires à l'heure, et s'exécute sans mauvaise odeur ni salissures, sans connaissances spéciales et sans aucun produit ni matériel.

Lorsque l'application du décor est terminée, on lave, à l'eau tiède, avec soin, la surface décorée pour enlever toute trace de colle, et assez légèrement, à ce moment, pour ne pas déplacer la décoration, qui est encore un peu fragile. Lorsque la décoration est bien sèche, on peut vernir ou cirer à volonté.

De nombreux travaux de ce genre ont été exécutés à Paris, dans des écoles, des salles de spectacles, des administrations, des hôtels et grand nombre de maisons privées, qui témoignent des immenses avantages que donne ce procédé nouveau de décoration peinte.

CHAPITRE XII

DE LA VITRERIE COURANTE

Si la pose des verres qui incombe ordinairement aux peintres n'exige pas de grandes connaissances techniques, il faut reconnaître que ce travail demande beaucoup d'attention et de précision, non seulement à cause de la fragilité du verre, mais parce qu'une faute d'inattention et de calcul dans les mesures, peut vous faire gâcher des feuilles entières.

Les verres employés couramment dans le bâtiment sont assez nombreux, sans le verre blanc employé pour les fenêtres, il y a trois choix. Il se vend par caisses contenant un nombre variable de feuilles, suivant qu'il est simple, demi-double ou double, et par deux, trois, quatre, cinq ou six mesures d'une même nature, car il en existe plusieurs genres. Ainsi les caisses dites de commerce, contiennent 3, 4, 5 et 12 mesures à la caisse et 60 feuilles en verre simple, 40 demi-double et 30 doubles.

Les mesures du commerce sont bien plus variées que celles du bâtiment, dont les caisses contiennent 60 feuilles, mais seulement en verre simple aux mesures de 120-39, 120-42, 120-45, 120-48, 120-51.

En dehors des mesures du commerce et du bâtiment, il y a les mesures parisiennes, lilloises, algériennes, doubles-manchons et le verre hors mesure, c'est à l'acheteur à chercher parmi toutes ces mesures celles qui se rapportent le mieux aux dimensions dont il a besoin, et se munir de feuille donnant au débit le moins de perte possible. Sous ce rapport, la vitrerie du bâtiment offre de grands avantages, surtout lorsqu'il s'agit d'employer un certain nombre de feuilles, car les fenêtres sont faites d'après ces mesures par les architectes, afin d'activer les travaux et qu'il y ait économie pour les entrepreneurs.

En règle générale, on ne se sert que de verre simple ; le verre double n'est employé que dans les maisons où règne un certain luxe. D'ailleurs la différence entre les trois sortes de verre blanc est souvent si peu saisible que les vitriers en abusent, et qu'on ne saurait y prêter trop d'attention.

De la pose des carreaux

Le premier travail du vitrier amateur, est de démastiquer l'ancienne vitrée et d'en retirer les fragments adhérents, puis de bien nettoyer la feuillure, de la débarrasser du vieux mastic et des pointes qui peuvent rester, en un mot qu'il ne reste aucune saleté dans les angles et les rainures pouvant faire obstacle à la pose.

Ce travail terminé, on ajuste le carreau coupé, c'est-à-dire qu'on l'applique dans la feuillure et comme il doit avoir assez de jeu, on aura eu soin de ne pas le couper trop juste, car s'il est trop serré, le moindre jouage du châssis peut le faire casser net, ce qui arrive surtout quand les bois sont neufs. Lorsque le verre est en place et dans les bonnes conditions indiquées, on le fixe sur ses quatre faces à l'aide d'une pointe placée sur chaque face.

Le plus difficile pour un débutant, c'est l'opération du pointage, qui exige de l'adresse et de la sûreté. Voici la meilleure manière d'opérer :

On prend la pointe entre le pouce et l'index de la main gauche, et ainsi maintenue on la place perpendiculairement à la feuillure, et appuyer contre elle, parallèlement au verre ; on l'enfonce à l'aide du marteau spécial des vitriers tenu dans la main droite, et dont on fait glisser la tête sur le carreau même ; le coup doit être donné franchement, bien droit et en glissant toujours sur le verre. La pointe ne doit pas s'enfoncer à plus de moitié de sa longueur, et doit être en cet état absolument droite ; c'est alors qu'on le rabat sur la vitre,

en frappant sur le côté et sur la tête également
par un mouvement de poignet que la pratique
donne. Si la pointe remue, le pourtage est mauvais et doit être recommencé, de même si le
verre est forcé par la pointe, attendez-vous à
une fêlure brusque. Les quatre pointes bien en
place, on procède au mastiquage.

Mastic de vitrier

Ce mastic se compose de la manière suivante : blanc d'Espagne ou de Meudon,
500 grammes, céruse en poudre, 120 grammes,
on triture le tout ensemble avec de l'huile de
lin siccative, en versant peu à peu jusqu'à ce
que l'on ait obtenu une pâte liante et molle.
Ainsi fait, on conserve ce mastic en le renfer-
mant dans un vase rempli d'eau. Si l'on avait
besoin d'un mastic très siccatif, on remplace-
rait l'huile de lin par du vernis fort, de litho-
graphe, et on ajouterait de la litharge pulvérisée ou du siccatif.

On trouve, aujourd'hui, dans les grandes
villes, du mastic tout préparé chez la plupart
des droguistes.

Pour le travail qui nous occupe, après avoir
manié le mastic, qui doit être assez mou, on
le tient dans la paume de la main gauche, et en
s'aidant du couteau du peintre ou du vitrier,
on empâte un côté à la fois et on le lisse ensuite en biaisant. Le lissage se fait dans le sens

inverse de l'empâtement et les coins doivent être bien réguliers. La bande de mastic qui encadre le carreau ne doit pas déborder, c'est-à-dire dépasser la largeur de la feuillure, en sorte que du dedans on n'aperçoive pas le mastic.

Pour éviter le pointage qui offre quelques difficultés pour le débutant, on peut appliquer les verres à bain de mastic. Pour cela, on commence par enduire d'une petite couche de mastic la feuillure, on y applique le verre bien d'aplomb et on le fait bien adhérer de tous côtés, puis on finit de mastiquer par dessus et on recoupe par le côté opposé les parties de mastic qui débordent. Pour la vitrerie, au chassis de fer, on doit toujours pratiquer la pose à bain de mastic.

De la coupe du verre

Si vous coupez vous-même le verre, choisissez d'abord une table bien plane, étendez dessus un carton, ce qui amortira le choc et empêchera le glissement. Si vous avez un grand nombre de vitres à poser, vous pouvez graduer le carton, ce qui facilitera la coupe, qui doit toujours être faite avec aisance et sûreté. On doit tenir le diamant d'aplomb ou légèrement incliné, mais les yeux du sabot doivent toujours être tournés contre la règle. On s'habitue au diamant, à sa façon de couper et même à son cri. Pour que votre coupe soit juste, coupez toujours d'équerre. Dans votre coupe tenez compte de l'épaisseur d'acier du diamant.

Pour démastiquer les vitres sans danger

Mettez de l'acide sulfurique dans une fiole que vous bouchez bien ; percez le bouchon, avec une vrille, d'un petit trou. Répandez, *avec précaution*, de cet acide sur le mastic qui deviendra immédiatement mou, et détachez-le pour enlever aisément et sans vous blesser, les vitres à remplacer.

Poudre pour brouiller les vitres

Si vous désirez rendre opaque le verre de certaines vitres, servez-vous du mélange suivant :

Esprit de vin .... 50 centilitres
Craie blanche en poudre ..... 100 grammes
Blancs d'œufs .... 5 —

Mélangez bien et étendez avec un pinceau du côté intérieur.

Pour dépolir le verre

Pour obtenir un verre dépoli d'un grain très fin, prenez 28 grammes d'acide tartrique en poudre fine et agitez-le avec 85 grammes de vernis négatif dans lequel il se dissoudra en partie. Laissez reposer deux jours et décantez la partie claire.

Ce vernis s'étend de la façon la plus simple en chauffant légèrement le verre avant et après.

On trouve dans le commerce du verre dépoli. Lorsque ce verre est taché de graisse par le mastic, on le nettoie avec de l'essence de térébenthine ou de l'eau de savon.

FIN

TABLE DES MATIÈRES

———

Grande Imprimerie de Troyes, 128, rue Thiers

9 782019 918262